奥羽本線、羽越本線

1960年代～90年代の思い出アルバム

牧野和人

【写真】小川峯生、荻原二郎、林 嶬、安田就視、山田虎雄

秋田市の近郊で雄物川を渡る普通列車。機関車、客車が真っ赤な塗装であるのに対して、1両だけ青色の車両が組み込まれている。郵便物等を輸送する郵便荷物車だ。新系列客車だった50系の中にも専用車スユニ50が含まれていた。◎1984(昭和59)年11月　撮影:安田就視

.....Contents

1章 奥羽本線 9

2章 羽越本線 103

【コラム】

難所板谷峠 〜峠の歴史は機関車が紡いだ〜 19

秋田新幹線の開業 〜新在路線が共生する3線軌条区間〜 65

矢立峠の蒸気機関車3台運転 〜NHKも流行の記録に乗り出した〜 83

脱線転覆 〜大破から蘇った1号機〜 124

勝木塩害試験所 〜トンネルの間に一瞬砦が現れる〜 131

◎泉田〜新庄　1986(昭和61)年10月5日　撮影:安田就視

懐旧の風景（大正〜昭和戦前）

絵葉書・文：生田 誠

福島駅（昭和戦前期）

1887（明治20）年に日本鉄道（現・東北本線）の駅として開業した福島駅は、その後、国鉄の駅に変わり、福島交通、阿武隈急行の路線が開業して連絡駅となった。これは背広姿の男性や電話ボックスの存在などから、昭和戦前期の駅前風景と推定される。

峠駅（大正期）

山形県米沢市にある峠駅は、奥羽本線の中で最も標高の高い（626メートル）文字通り、峠の上の駅である。1899（明治32）年5月に峠信号所として設置され、8月に駅に昇格した。現在は無人駅となっているが、ホームで売られる「峠の茶屋 力餅」でも知られている。

コート、マントを羽織った人々と多数の人力車が見える山形駅の駅前風景。1901（明治34）年に誕生した初代駅舎は、1916（大正5）年に改築されてこの二代目駅舎が竣工した。その後、老朽化により1967（昭和42）年に民衆駅（三代目駅舎）に変わった。

奥羽北線の延伸により1902（明治35）年に仮開業した秋田駅は、1905（明治38）年に本駅舎が完成。1920（大正9）年に羽越北線との接続駅となった。これは大正期のホームの姿で、左手に駅舎が見えている。

秋田杉を使った名物、大館曲げわっぱの産地として知られる秋田県大館市。玄関口である大館駅は1899（明治32）年に開業した。これは昭和戦前期のホームの姿で、機関区のあった構内はかなり広かった。駅舎は1929（昭和4）年に改築された。

青函連絡船が発着する海峡の港でもあった青森駅。この絵葉書においても、陸海連絡停車場と解説されている。日本鉄道時代の1891（明治24）年の開業で、1906（明治39）年に駅舎が改築された。大正期の木造駅舎の前には数人の人の姿がある。

1918（大正7）年に仮駅として開業した鶴岡駅は、翌年に現在地へ移転し、本駅舎が誕生した。これは人力車が見える駅前の風景で、完成して間もない頃と思われる。戦後の1978（昭和53）年に新しい駅舎に変わり、2014（平成26）年にリニューアルされた。

俳人、松尾芭蕉が詠んだ「象潟や雨に西施がねぶの花」の句で知られる象潟は、かつては潟湖であり、秋田を代表する観光地のひとつとして有名。その玄関口として、象潟駅は1921（大正10）年に開業した。この駅舎は1966（昭和41）年に改築されている。

まえがき

　東北地方を縦断して福島と青森を結ぶ奥羽本線。東北本線とともに長距離輸送を担う幹線という位置付けにありながら、板谷峠、雄勝峠等、奥羽山脈の懐に続く難所を越える経路は列車にとって過酷だった。

　夜行列車が未だ特急や急行に何本も設定されていた昭和50年代、未明の福島駅で電気機関車に牽引されて峠へ向かう特急「あけぼの」を構外から見送っていると、闇夜に揺れるテールマークが終点の青森を東北本線の駅として頭に思い浮かべるよりも、遥かに遠い最果ての地であるかのように想わせた。

　実のところ福島〜青森間の営業距離は、奥羽本線が20キロメートル程度長いに過ぎない。しかし、福島から板谷峠を横断して米沢へ、大曲から日本海側の主要都市秋田へ向かって西へ進み、能代市内を経由して大館へ進路を東に変える回り道の鉄路を地図上でなぞると、北へ向かう旅が延々と続くかのように映った。また進行方向を変えながら、つぶさに北国の街を結ぶ様子からは、地域の生活路線らしい温もりを窺うことができた。早朝のホームが学生達で賑わう情景は、新幹線が走る現在も変わらない。

　一方、日本海沿岸を走る羽越本線には汽車旅の浪漫があった。大阪と青森を結んでいた特急「白鳥」「日本海」、急行「きたぐに」などは、昨晩乗り込んだ列車の車窓に日差しを反射してきらめく日本海が流れる様は大陸横断鉄道を彷彿とさせ、旅人は目的地への期待と不安を交錯させる。同じ長距離列車でも、移動手段という認識が高い新幹線で同様な感覚は芽生えまい。

　鉄道旅行はしんどかったけれども、旅の終わりには充実感が残った時代。昭和のみちのくで撮影された写真の数々から、往時の様子を楽しんでいただきたい。

　　　　　　　　　　　　　　　　　　　　　　　　　　　2019年4月　牧野和人

1章
奥羽本線
～客車に揺られて辿る奥羽山中の鉄路～

現在では福島～新庄間の線路が標準軌化され、新幹線「つばさ」が2時間足らずで走るようになった奥羽本線。また、大曲～秋田間は新幹線「こまち」の通りに道になっている。しかし、奥羽山地の南端部から米沢、山形盆地へ入る鉄道は、板谷峠を始めとする急峻な山越えの連続だった。ここでは全区間が狭軌路線であった頃の様子を振り返ってみよう。

赤湯～糠ノ目（現・高畠）間を行く急行「おが」。キハ58等の急行型気動車で編成されている。奥羽本線経由で上野～秋田間を結ぶ急行は、1970（昭和45）年に夜行列車が特急「あけぼの」に格上げされ、定期列車は昼行の1往復となっていた。その間、夜行急行は季節臨として存続した。◎1979（昭和54）年10月17日　撮影：安田就視

福島～米沢間の難所板谷峠

　広々とした福島駅の構内を発車した旧型客車の編成は交流用電気機関車随一の強力機EF71に牽引されて西へ進路をとる。庭坂周辺は農村部の風情。果樹園の中に180度引き回された大きな曲線をなぞり、鉄路は高度を上げていく。上下線が別々になった長いトンネルを3本抜け、深い渓谷をかたちづくる松川を渡ると赤岩に到着。周囲は昼なお暗い森林に包まれ、板谷峠の懐まで来たことを実感する。

　スイッチバックのホームで停車した列車は、ホイッスルの響きとともに後退し、引き上げ線から再び本線へと進み出した。この先で板谷、峠、大沢とスイッチバック駅が4つ続く。当区間での最大勾配は38パーミル。旧国鉄路線では在来線時代における、信越本線横川～軽井沢間碓氷峠の66.7パーミルに次いで険しい勾配が控える。鉄道が敷設される前から、旅人は難行苦行の末に山を越えていたのだろう。疲れた体には甘味が染みるものだ。峠駅では名物「峠の力餅」を立ち売りする姿が見られる。

　関根駅を過ぎると周囲は開けた雰囲気になる。背の高い防雪林越しに民家が流れ、車窓の右手に米坂線が近づいてくると、戦国大名の上杉氏が治めた城下町として知られる米沢に着く。長距離夜行列車が各地できめ細かく運転されていた昭和期、急行「津軽」が深夜未明に着発する米沢駅は終日待合室が解放されていた。冬季ともなれば椅子が並べられた一角ではストーブがオレンジ色の炎を揺らめかせていた。

　米沢からは盆地の只中を山形へ向かって北上する。羽黒川を渡ると置賜駅を経て駅に温泉施設が隣接した高畠へ。当駅からは1974（昭和49）年まで、山形交通高畠線の駅があった。次の赤湯は温泉の町。当駅からも県南西部の荒砥まで長井線が分岐していた。30キロメートル余りの延長距離を持つ地方路線は、1988（昭和63）年に第三セクター鉄道の山形鉄道フラワー長井線となった。一面サクランボの果樹園となっている丘を越えて東に蔵王連峰が遠望されると、こちらも駅近くに温泉地がある上ノ山（現・かみのやま温泉）に着く。

　上山市内を通り、大きなカーブを描くうちに須川を渡ると、線路の近くでにわかに家並が建て込むようになり、県庁所在地の山形に着く。福島～新庄間が狭軌路線だった時代には、福島、米沢～山形間を結ぶ区間列車が数本設定されていた。山形始発の列車に乗り換える。駅を出るとほどなくして春には桜吹雪に包まれる山形城のお堀脇をかすめる。北山形から最上川流域の町左沢まで延びる左沢線が分かれていった。

　将棋駒の生産地天童、山形空港を車窓の左手に見て東根温泉の玄関口であった蟹沢へ。当駅は山形新幹線の開業に伴い南へ約600メートル移転し、1999（平成11）年にさくらんぼ東根と改称した。最上川と着かず離れずの距離をとりながら、東西を低山で囲まれた田園地帯を進む。大石田は山形花笠まつりで知られる尾花沢市の隣町大石田町内の駅。尾花沢市へは山形交通尾花沢線が出ていた。尾花沢鉄道として1926（大正14）年に開業した2.6キロメートルの短路線は、1970（昭和45）年に全線が廃止された。

　芹沢を過ぎると鉄路は名木沢地区の山中へ入る。市町境をトンネルで潜り、沢沿いに進むと国道13号を潜ったあたりから前方の視界が広がる。東側から迫って来た陸羽東線と南新庄付近から並行し、陸羽西線を加えて四方に鉄路が延びる鉄道の街新庄に到着した。

　当駅まで新幹線が延伸したことにより、駅構内の中程で標準軌と狭軌の線路が分断される特殊な線形となった。しかし、在来線華やかりし頃から2面3線のホームを中心に、機関区や留置線が隣接する拠点駅と呼ぶにふさわしい配線だった。

点在する温泉地、観光地を結ぶ

　新庄駅の先で牛潜山（155メートル）の麓をなぞって真室川へ。民謡真室川音頭の発祥地では、例年7月に「真室川音頭全国大会」「真室川ブギウギ音楽祭」が開催される。林業が盛んだった山中の町では、釜淵から西側の大沢川入まで真室川森林軌道が延びていた。全長28キロメートルの軌道は1938（昭和13）年に開業。木材の輸送がトラックに置き換わった1962（昭和37）年まで、1日1往復の混合列車を運転していた。

　真室川沿いの谷は、鉄路を奥羽本線中部の難所雄勝峠へと誘う。難読駅の一つである及位の先で、峠付近を峰大トンネルで抜ける。トンネル内の中間付近が山形と秋田の県境。秋田県へ入ると長い下り勾配を国道13号とともに院内へ向かう。付近で運転される普通列車の本数は多くはない。しかし、当駅を始発終点として秋田方面とを結ぶ列車が、客車列車時代から何本か設定されていた。

　雄勝町（現・湯沢市）から湯沢へ向かう区間は峠越えの細道よりも広々とした盆地の中を行く。県境

付近より注ぎ出す雄物川がつくる細長い平野部に沿って湯沢に着く。市内には秋ノ宮温泉郷等いくつかの温泉街を抱える観光地である。在来線の特急「つばさ」は全てが当駅で停車した。寝台特急「あけぼの」も3往復中2往復が停車した。十文字、醍醐と印象に残る駅名が続き、例年2月にはかまくらで有名な「雪まつり」が行われる横手市内に入る。右手に北上線が近づいてくると横手駅が見える。地域輸送の拠点である構内は貨物駅もあった。

　横手〜秋田間を結ぶ区間列車は、院内方面からの列車を補うかのように区間列車が1〜2時間に1本程度設定されていた。北上線沿いに流れる横手川を渡り、線路は直線的に北西方向へ続く。線路が左手に小首をかしげるかのように曲がり、丸子川を渡ると大曲駅だ。特急「たざわ」等、田沢湖線から秋田方面へ向かう列車は当駅でスイッチバックする。

　それに対して奥羽本線の列車は構内を直進して先へ道を進める。院内付近で線路近くを流れていた雄物川へ注ぐ玉川を渡り神宮寺へ。国道13号と離れて山裾の田園部を走り、再び国道を潜ると刈和野。秋田新幹線の開業に先立ち刈和野〜峰吉川間は複線化された。また、新幹線の開業時には大曲〜秋田間の上り線は標準軌に改軌され、神宮寺〜峰吉川間の下り線は三線軌条となった。

　峰吉川からは左右に曲線を繰り返して丘陵地を行く。岩見川を渡ると和田。にわかに平野部が目立ち始めて秋田市内へ入って行く。田園から森影へと車窓風景が移り変わり、大平川を渡ると左手に羽越本線が見え始めた。右手に機関区の扇形庫が垣間見えて、列車は県庁所在地の鉄道玄関口にして、地域の一大拠点である秋田駅に停車した。

秋田界隈の賑わいも今は昔

　秋田より奥羽本線を北へ向かう下り普通列車は、ほとんどが当駅始発だった。また優等列車に関しては1986(昭和61)年3月のダイヤ改正時で、下り特急「つばさ」1本と特急「たざわ」2本、羽越本線からやって来る特急「いなほ」1本が、秋田経由で青森まで足を延ばしていた。これに寝台列車や大阪〜青森間を結んでいた特急「白鳥」等が加わり、秋田界隈の鉄路は終日賑わったものだ。

　低い屋並が続き、駅の近くにも田畑が散見される秋田の街並を車窓に観ながら進む。市内を流れる草生津川を短い橋梁で跨ぐと、左手に高清水公園、秋田城址の森が家屋の向うに見えた。反対側車窓に旧国鉄土崎工場(現・秋田総合車両センター)の大規模な施設が見えると土崎に到着。当駅からは秋田港まで、1.8キロメートルの貨物支線が延びている。

　大きな曲線を描く貨物線を見送り、国道7号とと

上野〜山形間の特急「やまばと」。1968(昭和43)年10月1日に実施された白紙ダイヤ改正時に気動車から電車化された。485系では長いボンネットを備え、こだま形の流れを組む姿のクハ481の初期型を組み込んだ編成が充当されることもあった。◎福島　1970(昭和45)年8月26日　撮影:荻原二郎

もに北上を続けると追分。道が分かれることを意味する地名の通り、当駅からは男鹿半島へ向かう男鹿線が分岐する。2つの路線は駅を出てしばらく並走。国道を潜った先で非電化の男鹿線が左手に離れた。追分より先で奥羽本線も単線となる。

2駅先の羽後飯塚〜八郎潟間では再び複線に戻る。奥羽本線では比較的短い距離で単線と複線区間が交互に登場する地域が多い。米の増産が推進された時代に湖を干拓し、広大な耕作地となった八郎潟の東端部を進む。左手車窓には、彼方まで続く水田を望むことができる。

森岳、北金岡と道中を進めるうち、周囲には低山の森が目立ち始めて東能代に到着する。米代川の岸辺近くにある当駅は、能代市にとって鉄道の玄関口という位置付けだ。しかし、市の中心部とは4キロメートルほど離れている。東能代から分岐して日本海沿岸へ向かう五能線は能代市内を通り、市街地へ向かう連絡線の役目を果たしている。東能代〜能代間には、数少ない能代以遠まで足を延ばす列車の運転間隔を埋めるように、1駅間のみの列車がいくつも設定されている。

北を指すことが多かった進行方向は、東能代の手前で大きく右に曲がると一気に東へ舵を切る。東北北部を横断するかのように岩手、秋田県下を流れる米代川に沿う細長い平野部伝いに進む。富根〜二ツ井間で川を渡り、きみまち阪公園がある山をトンネルで抜ける。山裾をなぞるように行くと鷹ノ巣の市街地へ出る。

当駅からは南部の山中へ続く阿仁合線が分岐する。林業の町阿仁合に至る閑散路線は比立内までの延伸工事が行われ、1986(昭和61)年に第三セクター鉄道秋田内陸縦貫鉄道秋田内陸北線として再出発を図った。さらに比立内と同じく秋田内陸縦貫鉄道となっていた旧角館線の終点松葉までの区間が1989(平成元)年に延伸開業し、秋田県下で大館地区と角館の間を短絡する路線が誕生した。

米代川を遡る道は大館で一区切りを迎える。青森県と接する秋田県北端の市は江戸時代に久保田藩が治めたかつての城下町である。林業が盛んであった頃には秋田杉の集積地でもあり、周囲の市町に比べると街の規模は今もって大きい。大館駅は東北本線(現・IGRいわて銀河鉄道)の好摩と結ぶ花輪線の終点でもある。また、小坂鉱山から産出する鉱石輸送等を行っていた小坂精錬(前・同和鉱業)小坂線の駅も隣接していた。

東北本線と再会する青森へ

大館からは青森県下の温泉地大鰐まで険しい山越えが続く。希少な植物が生息する芝谷地湿原の側を通り、国道7号とともに白沢へ。女神山の東麓辺りから上下線が分かれ、下り線はトンネルへ入る。陣馬駅を過ぎ、かつては蒸気機関車の活躍を見ることができた矢立峠を全長3,180メートルの矢立トンネルで一気に走り抜ける。

前方が明るくなると津刈温泉の最寄り駅である津軽湯の沢。青森県に入って最初に登場する奥羽本線の駅だ。ここから線路界隈の流れは津軽平野まで続く平川になる。羽州街道に弘前藩が関所を設けていたとされる碇ヶ関は、地名に街道時代の名残を残す。長峰駅を過ぎ、国道と温泉街へ続く県道を連続して潜ると大鰐に着く。構内の北側には弘南鉄道大鰐線のホームが見える。

津軽地方の名産品であるリンゴの木に迎えられて城下町弘前へ。石川付近では大鰐で見掛けた弘南鉄道大鰐線を潜る。弘南鉄道は弘前を拠点に郊外部へ2路線を延ばす地方鉄道だ。弘前駅の手前では弘南線の線路が近づき、駅までしばし並走する。弘前は日本で最初に市制を施行された町の一つで、現在も津軽地方の中心都市だ。川部駅が終点となっている五能線の列車は当駅を始発終点としている。弘南線の起点でもあり、駅舎等の施設は構内東側の別棟にある。

及位とともに奥羽本線の難読駅である撫牛子(ないじょうし)を過ぎ、トラス橋が架かる平川、浅瀬石川を渡る。川部あたりまで来ると西側の展望が開け、車窓を岩木山(1,625メートル)の麗姿が飾った。

津軽平野の東部を縦断。浪岡を出ると終点青森に向かって最後の山越え区間が控える。大釈迦駅の先には全長2,240メートルの大釈迦トンネルが口を開けている。現在のトンネルは1982(昭和57)年に竣工した二代目だ。トンネルの先で線路は左右に曲線を描き、駅の近くに温泉施設がある鶴ヶ坂に着く。

駅前を通る細い道は旧羽州街道。道とともに谷筋を進むと、付近を流れる新城川の川幅が広くなったあたりで平野部へ出る。現在は新幹線の高架駅となっている新青森を過ぎてその先、県道を潜る辺りでは左手から津軽線が寄り添う。東北本線(現・青い森鉄道)と組み合わされたデルタ線の西側を通り、国道7号を潜って青函連絡線が待つ青森駅で、列車は轍を停める。

奥羽本線の駅（1978年当時）※所在地は現在のもの

- 福島（ふくしま）　　　　　0.0km　　　　福島県福島市栄町1−1
- 笹木野（ささきの）　　　　3.8km　　　　福島県福島市笹木野字金谷東28
- 庭坂（にわさか）　　　　　6.9km　　　　福島県福島市町庭坂字狐林10
- 赤岩（あかいわ）　　　　　14.8km　　　 福島県福島市大笹生字赤岩32
- 板谷（いたや）　　　　　　22.0km　　　 山形県米沢市大字板谷582
- 峠（とうげ）　　　　　　　26.1km　　　 山形県米沢市大字大沢字峠
- 大沢（おおさわ）　　　　　31.3km　　　 山形県米沢市大字大沢字大沢
- 関根（せきね）　　　　　　37.7km　　　 山形県米沢市大字関根
- 米沢（よねざわ）　　　　　43.0km　　　 山形県米沢市駅前1−1−43
- 置賜（おいたま）　　　　　48.5km　　　 山形県米沢市大字浅川字狐塚633
- 糠ノ目（ぬかのめ）　　　　52.8km　　　 山形県東置賜郡高畠町大字山崎200−1
- 赤湯（あかゆ）　　　　　　59.0km　　　 山形県南陽市郡山
- 中川（なかがわ）　　　　　67.3km　　　 山形県南陽市小岩沢字前田255
- 羽前中山（うぜんなかやま）71.2km　　　 山形県上山市中山3590
- 上ノ山（かみのやま）　　　77.9km　　　 山形県上山市矢来1−1−1
- 北上ノ山（きたかみのやま）80.7km　　　 山形県上山市北町字弁天1421
- 蔵王（ざおう）　　　　　　84.7km　　　 山形県山形市大字松原387
- 山形（やまがた）　　　　　90.0km　　　 山形県山形市香澄町1−1−1
- 北山形（きたやまがた）　　91.9km　　　 山形県山形市宮町1−9−46
- 羽前千歳（うぜんちとせ）　94.8km　　　 山形県山形市長町2−5
- 南出羽（みなみでわ）　　　96.5km　　　 山形県山形市大字七浦
- 漆山（うるしやま）　　　　97.8km　　　 山形県山形市大字漆山
- 高擶（たかたま）　　　　　99.9km　　　 山形県天童市大字長岡684
- 天童（てんどう）　　　　　103.3km　　　山形県天童市本町1−1−1
- 乱川（みだれがわ）　　　　106.3km　　　山形県天童市大字乱川
- 神町（じんまち）　　　　　109.2km　　　山形県東根市神町中央1−1−1
- 蟹沢（かにさわ）　　　　　111.9km　　　山形県東根市六田
- 東根（ひがしね）　　　　　113.5km　　　山形県東根市宮崎3−8−1
- 楯岡（たておか）　　　　　116.4km　　　山形県村山市楯岡新町1−10−1
- 袖崎（そでさき）　　　　　124.4km　　　山形県村山市大字土生田
- 大石田（おおいしだ）　　　129.8km　　　山形県北村山郡大石田町大字大石田乙585
- 北大石田（きたおおいしだ）133.7km　　　山形県北村山郡大石田町大字鷹巣271
- 芦沢（あしさわ）　　　　　136.6km　　　山形県尾花沢市大字芦沢1012
- 舟形（ふながた）　　　　　143.2km　　　山形県最上郡舟形町舟形391−2
- 新庄（しんじょう）　　　　151.5km　　　山形県新庄市多門町1−1
- 泉田（いずみた）　　　　　157.1km　　　山形県新庄市大字泉田2244
- 羽前豊里（うぜんとよさと）164.2km　　　山形県最上郡鮭川村大字石名坂65
- 真室川（まむろがわ）　　　166.9km　　　山形県最上郡真室川町大字新町
- 釜淵（かまぶち）　　　　　176.1km　　　山形県最上郡真室川町大字釜淵
- 大滝（おおたき）　　　　　183.2km　　　山形県最上郡真室川町大字大滝
- 及位（のぞき）　　　　　　188.7km　　　山形県最上郡真室川町大字及位
- 院内（いんない）　　　　　197.3km　　　秋田県湯沢市上院内字小沢115
- 横堀（よこぼり）　　　　　201.3km　　　秋田県湯沢市小野字西堺127−2
- 三関（みつせき）　　　　　207.3km　　　秋田県湯沢市上関字二ツ橋5
- 上湯沢（かみゆざわ）　　　210.0km　　　秋田県湯沢市関口字堀量88
- 湯沢（ゆざわ）　　　　　　213.3km　　　秋田県湯沢市表町2−2−10
- 下湯沢（しもゆざわ）　　　217.4km　　　秋田県湯沢市成沢字上堤105
- 十文字（じゅうもんじ）　　220.7km　　　秋田県横手市十文字町字大道東18−1

- 醍醐（だいご） 224.1km 秋田県横手市平鹿町醍醐字太茂田8
- 柳田（やなぎた） 227.3km 秋田県横手市柳田字柳田175
- 横手（よこて） 231.2km 秋田県横手市駅前町5－1
- 後三年（ごさんねん） 237.6km 秋田県仙北郡美郷町飯詰字東山本107
- 飯詰（いいづめ） 242.7km 秋田県仙北郡美郷町上深井字谷地中78
- 大曲（おおまがり） 249.9km 秋田県大仙市大曲通町6－1
- 神宮寺（じんぐうじ） 255.9km 秋田県大仙市神宮寺字本郷野21
- 刈和野（かりわの） 263.5km 秋田県大仙市刈和野字愛宕下119
- 峰吉川（みねよしかわ） 268.3km 秋田県大仙市協和峰吉川字半仙64－1
- 羽後境（うごさかい） 274.8km 秋田県大仙市協和境字野田128－1
- 大張野（おおばりの） 282.9km 秋田県秋田市河辺神内字四国14
- 和田（わだ） 288.3km 秋田県秋田市河辺和田字上中野129
- 四ツ小屋（よつごや） 295.2km 秋田県秋田市四ツ小屋小阿地字柳林49
- 秋田（あきた） 301.6km 秋田県秋田市中通7－1－2
- 土崎（つちざき） 308.7km 秋田県秋田市土崎港中央6－16－15
- 上飯島（かみいいじま） 311.2km 秋田県秋田市飯島鼠田
- 追分（おいわけ） 314.6km 秋田県秋田市金足追分字海老穴257－4
- 大久保（おおくぼ） 321.8km 秋田県潟上市昭和大久保字街道下3－1
- 羽後飯塚（うごいいづか） 325.1km 秋田県潟上市飯田川飯塚字中谷地45
- 八郎潟（はちろうがた） 330.4km 秋田県南秋田郡八郎潟町字中田85－2
- 鯉川（こいかわ） 335.9km 秋田県山本郡三種町鯉川字大深根
- 鹿渡（かど） 341.3km 秋田県山本郡三種町鹿渡字東二木柳
- 森岳（もりたけ） 348.0km 秋田県山本郡三種町森岳字町尻
- 北金岡（きたかなおか） 352.3km 秋田県山本郡三種町志戸橋字新田
- 東能代（ひがしのしろ） 358.3km 秋田県能代市鰄渕字下悪戸
- 鶴形（つるがた） 363.2km 秋田県能代市鶴形字草沢
- 富根（とみね） 368.4km 秋田県能代市二ツ井町飛根字町頭
- 二ツ井（ふたつい） 375.1km 秋田県能代市二ツ井町字太田面
- 前山（まえやま） 382.4km 秋田県北秋田市前山字綱前
- 鷹ノ巣（たかのす） 387.8km 秋田県北秋田市松葉町3－1
- 糠沢（ぬかざわ） 391.0km 秋田県北秋田市綴子字下谷地
- 早口（はやぐち） 396.4km 秋田県大館市早口字弥五郎沢
- 下川沿（しもかわぞい） 400.6km 秋田県大館市川口字隼人岱
- 大館（おおだて） 405.8km 秋田県大館市御成町1－3－1
- 白沢（しらさわ） 412.3km 秋田県大館市白沢字白沢
- 陣場（じんば） 419.4km 秋田県大館市長走字相染台
- 津軽湯の沢（つがるゆのさわ） 425.2km 青森県平川市碇ヶ関折橋10
- 碇ケ関（いかりがせき） 430.1km 青森県平川市碇ヶ関高田13
- 長峰（ながみね） 434.9km 青森県南津軽郡大鰐町大字長峰字前田413－3
- 大鰐（おおわに） 438.2km 青森県南津軽郡大鰐町大字大鰐字前田34－20
- 石川（いしかわ） 443.6km 青森県弘前市大字石川字野崎25－2
- 弘前（ひろさき） 450.0km 青森県弘前市大字表町1－1
- 撫牛子（ないじょうし） 452.7km 青森県弘前市大字撫牛子1－12－13
- 川部（かわべ） 456.3km 青森県南津軽郡田舎館村大字川部字上西田31－2
- 北常盤（きたときわ） 459.5km 青森県南津軽郡藤崎町大字常盤字二西田39－2
- 浪岡（なみおか） 465.0km 青森県青森市浪岡大字浪岡字細田61－1
- 大釈迦（だいしゃか） 470.1km 青森県青森市浪岡大字大釈迦字前田80
- 鶴ケ坂（つるがさか） 476.3km 青森県青森市大字鶴ケ坂字川合91－3
- 津軽新城（つがるしんじょう） 481.7km 青森県青森市大字新城字山田376
- 青森（あおもり） 487.4km 青森県青森市柳川1－1－1

1章 奥羽本線

鉄道黎明期の風情さえ湛える旧駅舎時代の福島駅。第二次世界大戦下で空襲等による被災を免れた建物は1962(昭和37)年まで使用された。祝祭日恒例の眺めか。なだらかな傾斜がついた屋根を備える出入り口付近には大きな国旗が翻っていた。

福島駅の東口に建つ駅ビル。1962(昭和37)年に竣工して以来、現在まで改修工事を受けながら現役施設として使用されている。2002(平成14)年に「賑やかな駅前通り、公官庁が立ち並ぶ県庁通りに続く県都の玄関口の駅」として東北の駅百選に選定された。
◎撮影：山田虎雄

1章 奥羽本線

福島駅 1981年（昭和56年）

福島駅界隈をビルが建ち並ぶ東側上空より望む。撮影時には東北新幹線の開業を約1年後に控えていたが、高架ホームを始めとした施設は既に姿を現していた。ホームには電車特急、気動車急行が停まり、在来線の列車が最後の輝きを放っていた。構内には電気機関車が重連で牽引する貨物列車の姿も。勇ましいいで立ちで、奥羽本線の板谷峠へ向かう。
◎1981（昭和61）年7月16日
撮影：朝日新聞社

小じんまりとした木造駅舎が建っていた庭坂駅。板谷峠へ向かう福島方の麓に設置された駅にはかつて機関区があり、4110、E10等の蒸気機関車が配置されていた。現在も残る長いホーム等は、補機の基地として賑わった頃の名残だ。
◎1967（昭和42）年5月1日　撮影：荻原二郎

福島市の近郊となる庭坂まで来れば、山間部の険しい表情はなりを潜めて車窓には家並みが顔を覗かせる。旧型客車を牽引するのは直流形電気機関車のEF64だ。福島〜米沢間は1949（昭和24）年から1968年まで、直流電化区間だった。
◎1967（昭和42）年5月1日　撮影：荻原二郎

1章 奥羽本線

奥羽本線板谷〜赤岩間を行くEF16牽引の客車列車。山間のスイッチバック駅で、分岐器の周辺は雪から線路を守るために上屋が被せられている。周辺の山には今年何度目かの雪が積もり、本格的な冬の到来を告げていた。
◎1964(昭和39)年12月27日　撮影：小川峯生

1899(明治32)年に山中の信号所として開業した峠は、開業から3か月足らずの後に駅へ昇格した。行き止まり式のスイッチバック構造だった構内には、直流電化時に通過線が設けられ、通過列車はホームに停まらずに運転できるようになった。
◎1962(昭和37)年7月30日　撮影：荻原二郎

難所板谷峠
〜峠の歴史は機関車が紡いだ〜

　明治期に福島〜米沢間が奥羽南線として開業以来、33パーミルの急勾配が連続する板谷峠を克服すべく、時代ごとに強力な機関車が投入されてきた。非電化路線時代には5軸の動輪を持つ4110やE10。直流電化時代は標準形貨物用機のEF15や、同機へ回生ブレーキ等を取り付けて山岳路線用に改造したEF16、新系列電機の勾配区間用機関車EF64が投入された。
　キハ80系の登場で全国展開された特急網の波に乗って登場した特急「つばさ」は、運転当初より新鋭車両が使われていたにも関わらず、峠越えの区間では電気機関車の補機を必要とした。1968(昭和43)年に福島〜米沢間は交流電化に転換された。
　同時に米沢〜山形間も交流で電化されて新製機ED78、EF71が運用を始めた。早朝に峠を越える特急「あけぼの」は赤い電気機関車が重連で牽引した。山形新幹線の開業で機関車が活躍した峠の歴史に終止符が打たれた。現在では電車が急勾配をものともせずに行き来している。

米沢駅に停車する蒸気機関車は、大正生まれの貨物用機関車9600形だ。米沢と羽越本線の坂町を結ぶ米坂線では昭和40年代半ばまで蒸気機関車が活躍。手ノ子〜羽前沼沢間等の峠越え区間を老機関車がゆっくりと上り下りしていた。
◎1959(昭和34)年10月19日　撮影:荻原二郎

昼時の米沢駅。ホームには米坂線へ向かうキハ55が停車する。柱には「12時10分発坂町行」との看板が掲げられていた。この列車に小荷物を積み込んだのか、ホームの先端部には旧国鉄時代からお馴染みの荷車が見える。◎撮影:山田虎雄

1章 奥羽本線

大正時代に高畠鉄道が開業し、後に山形交通の鉄道線となった高畠線。奥羽本線糠ノ目(現・高畠)と二井宿を結ぶ10.6キロメートルの路線だった。途中の旧高畠駅付近には地元産の凝灰岩を用いた石造りの駅舎が今も残る。◎撮影:林嶢

上部が半円状になった窓が目を惹く米沢の旧駅舎。屋根から突き出た煙突が北国の駅らしい。山形新幹線が福島～山形間で開業した1992(平成4)年まで使用された。米沢は旧城下町であるとともに、駅に隣接して機関区を備えた鉄道の街でもあった。
◎1973(昭和48)年11月15日　撮影:荻原二郎

実り色に染まった米沢盆地を単機で走るEF71。福島〜米沢間を直流電化から交流電化へ切り替える際に開発された6軸の駆動輪を備える強力機だった。大柄な車体がD級の電気機関車が多かった東北地方ではひときわ目だった。
◎糠ノ目〜赤湯　1979（昭和54）年10月17日　撮影：安田就視

1章 奥羽本線

稲穂が揺れる広々とした水田に列車の影が長く伸びた。つるべ落としの斜光を受けて、特急「つばさ」が足早に駆けて行った。昭和50年代の半ばまでは、食堂車を含む12両の堂々たる編成で運転していた。
◎糠ノ目〜赤湯　1979（昭和54）年10月17日　撮影：安田就視

高畠〜赤湯間を行く719系5000番台車の普通列車。新幹線車両を運転するために福島〜山形間が標準軌に改軌された後も、奥羽本線の普通列車は存続した。標準軌用の台車を履いた専用車両が用意された。◎2000（平成12）年11月　撮影：安田就視

クリーム2号の地に赤2号の細い帯を巻いた、準急形気動車色のキハ55を先頭にした列車が赤湯駅に停車する。昭和30年代の奥羽本線南部の主役は準急列車。「もがみ」「ざおう」「月山」等、地域の名勝地に因んだ名前の列車を運転していた。
◎1960（昭和35）年12月8日　撮影：荻原二郎

名湯赤湯温泉の鉄道玄関口である赤湯駅。しかし、奥羽本線は市街地の西側を走り、駅は温泉街と若干離れている。正面玄関となる東口の駅舎は1993(平成5)年に建て替えられた。ドーム状の斬新な形状は、昭和40年代の汎用な建物とは隔世の感が強い。◎1974(昭和49)年7月6日　撮影：荻原二郎

山形〜蔵王間を行く急行「べにばな」。繁忙期で増結された急行気動車色の車両は冷房装置を搭載しておらず、客室窓の多くが開いている。民営化後も窓を全開にできる車両が、旧国鉄時代の仕様で残っていた。◎1991(平成3)年8月　撮影：安田就視

駅前土地区画整理事業の実施に伴い、山形駅は民衆駅としてビルに建て替えられた。新駅舎は1967(昭和42)年に竣工。当初は駅業務部分のみが供与され、約2週間後に山形ステーションデパートが営業を開始した。店舗部分は構内の約8割を占めていた。
◎1979(昭和54)年9月23日　撮影：荻原二郎

台形状の屋根が中央部にある山形駅の二代目駅舎は1916 (大正5) 年の竣工。官設鉄道の駅として開業以来、旧山形城三の丸内に建つ。現所在地は香澄町1丁目となり、城郭内の往時を偲ぶものはほとんど姿を消している。◎1960 (昭和35) 年3月2日 撮影:荻原二郎

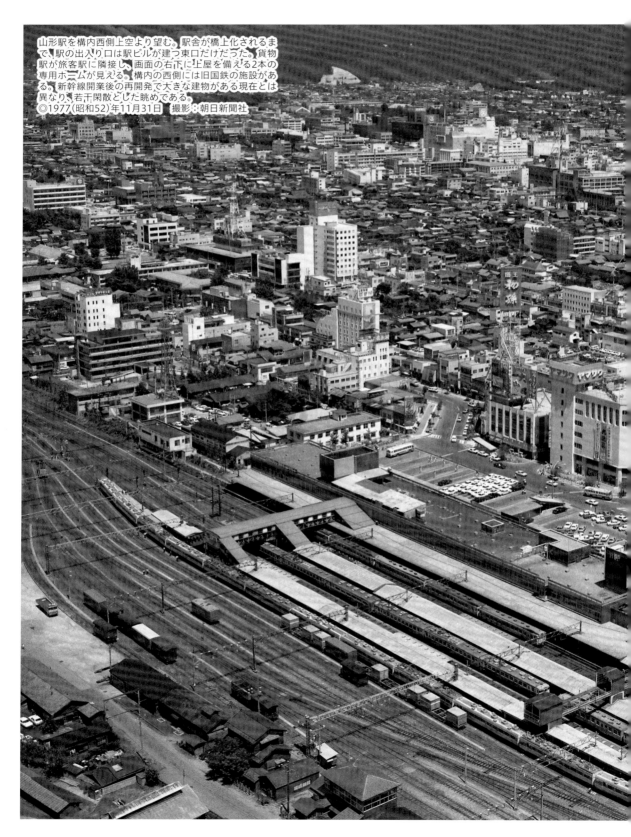

山形駅を構内西側上空より望む。駅舎が橋上化されるまで、駅の出入り口は駅ビルが建つ東口だけだった。貨物駅が旅客駅に隣接し、画面の右下に上屋を備える2本の専用ホームが見える。構内の西側には旧国鉄の施設がある。新幹線開業後の再開発で大きな建物がある現在とは異なり、若干閑散とした眺めである。
◎1977(昭和52)年11月31日　撮影：朝日新聞社

1章 奥羽本線

山形駅
1977年
（昭和52年）

山形駅に旧型客車を率いて停車するED78。直流電化区間であった奥羽本線福島〜米沢間を交流電化へ切り替える際、急勾配が続く板谷峠への対応を主眼において開発された。1967(昭和42)年から1980年にかけて14両が製造された。
◎1975(昭和50)年7月9日　撮影：荻原二郎

北山形〜羽前千歳間で馬見ケ崎川を渡るED75牽引の普通列車。盆地の只中にある山形の夏は暑く、旧型客車の窓は所々開け放たれている。機関車次位の客車は乗降扉までが開いている。そんな大らかさが車内に涼風を呼び込んでいた昔日の情景だ。
◎1978(昭和53)年8月7日　撮影：安田就視

1章 奥羽本線

北山形駅に停車する普通列車。5両編成の旧型客車を9600が牽引する。奥羽本線の米沢以北が非電化であった時代、主力の機関車はD51だった。しかし米沢機関区、山形分所には9600が配置され、昭和30年代まで都市間の区間列車等に使用された。
◎撮影：荻原二郎

ホームを花が飾る天童駅に50系客車の普通列車がED75に牽引されて入って来た。昭和50年代に旧型客車を置き換えたレッドトレインだったが、車内の座席配置はボックスシートのままで通勤通学時間帯等、混雑時の使い勝手に問題を残していた。
◎1982（昭和57）年5月29日　撮影：安田就視

天童駅に停車する米沢行きの普通列車は50系。昭和50年代に登場した新鋭客車は719系等の交流形普通電車が登場するまでの短い期間、奥羽本線で使用された。列車の動力方式が機関車牽引等の集中型から電車、気動車を用いる分散化型へ移行する過渡期に製造された車両だった。◎1982（昭和57）年5月29日　撮影：安田就視

仙台～新潟間を仙山線、奥羽本線、米坂線、羽越本線、白新線経由で結んでいた急行「あさひ1号」。「あさひ」は1982（昭和57）年に開業した上越新幹線の速達形列車の名称となり、本列車は新幹線の開業前に「べにばな」と改称した。
◎羽前千歳～北山形　1978（昭和53）年8月6日　撮影：安田就視

単線に片持ち支持の架線柱が並ぶ天童～高擶間を行くキハ40の3両編成。最後尾には烏山線塗装の車両が連結されている。民営化後も地域を超えた車両の転属配置はごく普通に行われ、塗装で前の配置先を推察し易くなっていた。
◎2003（平成15）年8月1日　撮影：安田就視

1章 奥羽本線

神町〜乱川間を行く急行「月山」。1982（昭和57）年11月15日のダイヤ改正より、始発終点が仙台から山形へ変更された。山形新幹線山形開業時には快速化され、山形〜新庄間で運転していた快速「もがみがわ」を統合した。◎1982（昭和57）年5月29日　撮影：安田就視

天童市北部を流れる乱川に架かる橋梁を行くED75牽引の貨物列車。山形新幹線の開業以前、奥羽本線の客車、貨物列車は山形で牽引機を交換していた。福島〜山形間は急勾配用のED78かEF71。山形以北は汎用のED75が担当した。◎1982（昭和57）年5月29日　撮影：安田就視

狭軌時代の大石田〜北大石田間で丹生川を渡る普通客車列車。重連で先頭に立つED75のパンタグラフは2両とも上がって頼もしい。長編成の50系客車を連ねた昭和の通勤通学列車は堂々たる姿だ。
◎1986(昭和61)年5月　撮影：安田就視

1章　奥羽本線

切妻屋根の木造駅舎だった大石田駅。現在の奥羽本線が奥羽南線として山形〜当駅間が延伸開業した1901（明治34）年に終点として開業した。翌年には山越えが控える当駅から舟形までの区間が開業。開業から1年足らずで途中駅になった。
◎1967（昭和42）年5月1日　撮影：荻原二郎

楯岡駅をED75が12系客車を牽引して通過して行った。当駅は所在地の旧町名に因んで楯岡駅として開業。山形新幹線の新庄延伸開業に合わせて、所在地市の名前となっていた村山に改称した。現在では新幹線の停車駅だ。◎1982（昭和57）年5月29日　撮影：安田就視

1章 奥羽本線

楯岡（現・村山）駅に入線する急行「月山」。仙台〜鶴岡間を仙山線、奥羽本線、陸羽西線、羽越本線経由で結んでいた。旧国鉄時代のいで立ちは、末期まで雪中に良く映える気動車急行色。当時は全国共通の塗装である。◎1987（昭和62）年2月　撮影：安田就視

沢山の腕木信号機が建つ新庄駅に入線しようとしているDF50牽引の客車列車。機関車の動力近代化初期に登場し、北海道を除く地方の幹線等に投入された。奥羽本線では急行「日本海」等の牽引に充当された。◎1961 (昭和36) 年11月25日　撮影：小川峯生

1章 奥羽本線

特急「つばさ」の運転を予告する看板が新庄駅舎の壁に掲げられていた。1961(昭和36)年10月1日より運転された気動車列車は、「白鳥」と共に初めて奥羽本線に設定された特急だった。時の新鋭キハ82系に似せた列車のイラストが看板上を横切る。◎撮影:山田虎雄

市役所や病院等、市の主な施設にほど近い西口にあった新庄の旧駅舎。ガラス壁面を多用した近代的な雰囲気を漂わせていた。その姿は現駅舎へ少なからず踏襲されている。旧駅舎が役目を終えた翌年に、山形新幹線が山形〜当駅間で延伸開業した。
◎1993(平成5)年6月11日
撮影:山田虎雄

1975（昭和50）年には全線が電化された奥羽本線だが、途中駅から分岐する路線の多くは、今日に至るまで非電化のままである。これらの路線から本線に乗り入れる列車は気動車で運転していた。各路線を跨ぐ急行列車の主役はキハ58、28だった。
◎羽前豊里〜泉田　1986（昭和61）年10月　撮影：安田就視

及位〜大滝間の勾配区間を行く特急「つばさ」。奥羽本線の全線電化完成に伴い、交直流両用特急型車両の標準形である485系が1975（昭和50）年に投入された。80年代半ばには、食堂車を外した6〜9両編成で運転していた。◎1986（昭和61）年10月
撮影：安田就視

真室川〜釜淵間を行く特急「つばさ」。民謡「真室川音頭」や温泉地として知られる山間の街には長らく特急列車が停まらなかった。山形新幹線の建設工事に伴い、「つばさ」が仙山線経由となった際に一部の列車が停まるようになった。
◎1986(昭和61)年10月　撮影:安田就視

夜行急行「津軽」の下り列車は、未明の山形駅で機関車交換を行った後に引き続き奥羽本線を北上する。及位～院内間の雄勝峠は朝を迎える頃が通過時刻だ。未だ山影が被さる森の中に真っ赤な車体のED75がトンネルから顔を出した。◎1986(昭和61)年9月　撮影：安田就視

1章 奥羽本線

1章 奥羽本線

木造の窓枠から温もりが伝わる昭和30年代の湯沢駅舎。奥羽本線に特急が運転されていた時期には寝台特急を含め、全ての列車が停車した。かつては羽後交通雄勝線の起点だった。同路線は太平山の麓にあった梺駅までを結ぶ全長11.7キロメートルの小鉄道。1967 (昭和42) 年に全廃された。◎1964 (昭和39) 年3月1日　撮影：荻原二郎

本線での列車牽引用に量産されたDF50。機関直結の発電機で発電し、主電動機を駆動する電気式ディーゼル機関車だ。山岳区間が続き、蒸気機関車の置き換えを要望されていた電化工事が着工される前の奥羽本線中部に投入された。◎湯沢　1964（昭和39）年3月1日　撮影：荻原二郎

出入り口付近に三角形の屋根が被さる横手駅舎。横黒線（現・北上線）の全線開業に合わせて1924（大正13）年に竣工した。また当駅は由利郡下郷村（現・由利本荘市）内の老方駅まで、38.2キロメートル区間を結んでいた羽後交通横荘線の起点でもあった。◎1964（昭和39）年3月1日　撮影：荻原二郎

1章 奥羽本線

横手駅付近の準急「たざわ」。キハ55が一般型気動車を挟む3両編成だ。仙台、米沢〜秋田間の列車で、仙台を発着する編成は陸羽東線を経由していた。途中、新庄で陸羽西線経由で仙台、米沢〜酒田間を結ぶ準急「もがみ」を併結解放していた。
◎1961（昭和36）年11月24日　撮影：小川峯生

雪化粧をした横手駅の構内で発車を待つ北上線の列車。北上と横手を結ぶ本路線は東北本線と奥羽本線を結ぶ奥羽山脈の横断路線の中では比較的距離が短く、軌道の状態も良好である。そのため東北地方中部の短絡線という性格を持ち合わせていた。
◎1984（昭和59）年2月　撮影：安田就視

1章 奥羽本線

ホームで発車時間を待つ間にも雪は容赦なく降り積もり、茶色い客車を白く染めていった。雪を巻き上げる列車の後端部分には特に雪が付着する。薄暗い構内にテールランプの赤が浮かび上がった。列車は各駅に停車して山形を目指す。
◎1984(昭和59)年2月
撮影：安田就視

奥羽本線の上下列車が発着する横手駅の2・3番ホーム。湯沢行きの区間列車には気動車が用いられている。たくさんの利用客が列をつくって待つのは15時56分発の山形行き。間もなく降りしきる雪をついて客車列車が到着する。
◎1984(昭和59)年2月
撮影：安田就視

秋田～湯沢間の狭軌残存区間に運転されていた快速「かまくら」。1993(平成5)年12月1日のダイヤ改正時に4往復が設定された。秋田、刈和野、大曲、横手、十文字、湯沢に停車。ロングシート仕様車の701系が投入された。
◎横手　1999(平成11)年2月　撮影：安田就視

本格的な本線用ディーゼル機関車として開発されたDF50は、蒸気機関車が吐き出す煙に悩まされていた山岳路線へ投入された。出力、加速性能等は蒸気機関車のD51、C57並みだったが、次世代の主力機となったDD51が登場するまで、地方幹線の無煙化に貢献した。
◎飯詰　1962（昭和37）年3月　撮影：林　嶢

ED75 700番台機と50系客車の取り合わせは、奥羽本線で運転された普通客車列車の終幕を飾った。ボックス席に腰掛けて、窓を開けて土地の風を感じることができた汽車旅も今では思い出だ。青空の下で牽引機と一体感がある真っ赤な車体は良く映えた。

1章 奥羽本線

上野～秋田間の夜行急行として運転を始めた「男鹿」。列車名称がひらがな表記の「おが」となり、列車名の通り男鹿線の男鹿まで乗り入れた時期もあった。昭和末期には20系客車が充当された。◎飯詰～大曲　1984(昭和59)年11月6日　撮影：安田就視

現在は出入り口付近に個性的な形状の構造物が建つ大曲駅。昭和40年代の地上駅舎は、横長な平屋の建物だった。「大曲の花火」として広く知られる全国花火競技大会の開催時には、臨時改札口等が設置される。
◎1967（昭和42）年5月3日
撮影：荻原二郎

普通夜行列車で上京した若者が、A寝台に乗って故郷へ錦を飾る日を夢見たことから出世列車と呼ばれた急行「津軽」。客車時代の晩年は、特急用の14系で編成されていた。テールサインには赤字で急行と表示されている。◎大曲〜飯詰　1984（昭和59）年11月　撮影：安田就視

1章　奥羽本線

1970年代後半から製造された50系客車。普通列車の電車化が本格化する以前、まだ東北筋の幹線に多く残っていた客車列車へ投入された。ブドウ色、青色の旧型客車に代わってレッドトレインと称される真っ赤な客車が通勤通学の足となった。
◎大曲〜飯詰　1986（昭和）61年10月　撮影：安田就視

1章　奥羽本線

飯詰～大曲間の直線区間をED75牽引の50系客車が軽快に走って行った。奥羽本線が全区間狭軌であった時代、普通旅客列車の主役は客車だった。50系と交流形電気機関車の組み合わせには同系色でまとめられた一体感があった。◎1984（昭和59）年11月6日　撮影：安田就視

6月の半ばに入っても東北地区の梅雨入りはもう少し先。気持ち良く晴れ渡った空の下、50系客車の秋田行き普通列車が停車するホームの反対側を、キハ58等で組成された急行列車が通過して行った。◎刈和野 1981（昭和56）年6月21日 撮影：安田就視

1章 奥羽本線

1章 奥羽本線

大張野付近は岩見川へ注ぐ支流が生み出した谷筋の路。黄金に色づいた稲が飾る山間に特急「つばさ」がやって来た。1985（昭和60）年3月14日のダイヤ改正以降、編成は一部の列車を除き、普通車のみの6両となった。
◎1986（昭和61年）10月　撮影：安田就視

1章　奥羽本線

秋田市郊外の四ツ小屋駅を通過する上り特急「つばさ」。1961 (昭和36) 年10月1日のダイヤ改正に伴い、上野〜秋田間に奥羽本線経由の特急列車が新設された。サンロクトオと呼ばれる白紙ダイヤ改正時には、全国的に特急列車網が拡充された。◎1964 (昭和39) 年3月2日　撮影：荻原二郎

1章 奥羽本線

東北地方で日本海側の拠点となる秋田駅。横長な鉄筋コンクリート造2階建ての駅舎は1961（昭和36）年に「秋田民衆駅」として竣工した。1966年までは駅前に秋田市交通局が運営していた秋田市電が乗り入れていた。
◎1962（昭和37）年7月21日　撮影：荻原二郎

秋田新幹線の開業
～新在路線が共生する3線軌条区間～

　奥羽本線へ乗り入れる新幹線の建設に伴い、福島～新庄間と田沢湖線は狭軌から標準軌へ改軌された。しかし、新庄～秋田間等の列車が往来する大曲～秋田間では、複線の上り線を標準軌化して対応した。同区間の大部分は昭和50年代に複線化された。現在も新幹線開業前と同じように複線区間が続いているかのように見えるが、実際には単線が2本並んだ線路形状である。

　また、路線内で新幹線同士のすれ違いができるよう、峰吉川～神宮寺間は狭軌の上り線側を3線軌条化した。同じ線路の上を新幹線と在来線の列車が走る。同時に踏切事故等の防止策として、沿線に73か所あった踏切のうち24か所が立体交差化され9か所を廃止した。秋田県内で新幹線を運行する拠点となる秋田駅、大曲駅では大規模な構内の改修工事を敢行。南秋田運転所（現・秋田車両センター）には新幹線車両の整備、留置施設が設置された。

秋田駅前の秋田市電。秋田市の交通局が運営していた。秋田駅前と旧国鉄時代から鉄道工場があった土崎までの7.3キロメートルを結んでいた。200形は当路線の最新型で1959（昭和34）年製。1966年に路線が廃止された後、全2両が岡山電気軌道へ譲渡された。◎1965（昭和40）年　撮影：山田虎雄

秋田駅を東側上空より望む。駅構内を跨ぐ歩道橋「Weロード」が架けられる前で、奥羽本線が駅周辺で市街地を分断するかたちになっていた。東側構内には客車等の検修、留置を行う車両基地があった。留置線には旧型客車に混じり、客車急行全盛の時代で寝台車やグリーン車の姿も見られる。
◎1976(昭和51)年11月4日　撮影:朝日新聞社

1章 奥羽本線

秋田駅
1976年
(昭和51年)

秋田駅に停車する旅客列車の先頭にはC61が立っていた。多くの地方幹線で活躍したC57よりも一回り大きなボイラを持つ急行牽引用機関車は、奥羽本線では青森〜秋田間に投入された。1号機は青森機関区（現・青森車両センター）の所属だった。
◎1961（昭和36）年9月10日　撮影：荻原二郎

雪が積もった秋田駅構内に貨物列車が停車していた。D51 351号機は1965（昭和40）年に富山第一機関区から新庄機関区へ転属した。写真は転属して間もない頃の姿で、東北地区の蒸気機関車で多く見られた前照灯のシールドビーム副灯は未だ装着していない。
◎1965（昭和40）年12月25日　撮影：荻原二郎

羽越本線では昭和30年代の半ばまで、大正生まれの急客機C51が活躍していた。第二次世界大戦前には東海道本線で特急「燕」等の牽引に当たった名機だ。末期の11号機はボックス型に振り替えられた動輪等、使い込まれた印象が否めなかった。
◎1962(昭和37)年4月11日　撮影：林嶢

秋田駅に入線する特急「つばさ」。電車化に伴い、当初より耐寒耐雪構造の車両が投入される予定だった。しかし運転開始までに完成せず、運転当初は貫通扉を備えた200番台車で運転した。翌年に寒冷地向けの1000番台車が導入された。
◎1982(昭和57)年7月1日　撮影：安田就視

1章 奥羽本線

こんもりと雪が積もった秋田駅で発車を待つ急行「天の川」。上野〜新潟間の夜行急行として運転を始めた列車である。1976(昭和51)年に使用車両が20系客車となり、運転区間は上野〜新潟〜秋田間に延長された。
◎1984(昭和59)年2月　撮影：安田就視

秋田駅に到着した急行「天の川」。20系客車時代の秋田着時刻は10時24分だった。大宮から秋田以北へ途中下車せずに乗車する場合は、奥羽本線経由の乗車券で本列車に乗車することができた。
◎1984(昭和59)年2月
撮影：安田就視

特急「白鳥」が通過する追分駅。男鹿線が分岐する秋田市郊外の駅だ。奥羽本線に急行が運転されていた頃には、一部の夜行列車等を除く急行の停車駅だった。2018（平成30）年に夏の甲子園を沸かせた秋田県立金足農業高校の最寄り駅である。
◎1982（昭和57）年7月1日　撮影：安田就視

男鹿線が分岐する追分から北へ向かう線路は単線。一駅先の大久保で上り列車と交換した。貨物用機関車のD51が牽引機だった。ホームでは学生服姿の男女を含む大勢の人が列車を待っている。夏休み期間中で秋田へ遊びに行くのだろうか。
◎1971（昭和46）年8月7日　撮影：林　嶢

1章 奥羽本線

構内の東方に水田が広がる八郎潟駅。駅周辺の宅地化が進んだ現在も、ホームからは似たような風景を望むことができる。木製の駅名票が立つ長閑な午後のホームに、蒸気機関車が牽引する普通列車が入って来た。◎1971(昭和46)年8月7日　撮影：林 嶢

D51同士が八郎潟で交換する。構内へ進入する105号機は停車間近と思われるものの、未だ僅かに煙を噴き上げている。待機する1157号機は戦時期に製造された機関車。炭水車やボイラ上のドームに標準型と異なる特徴がある。
◎1971(昭和46)年8月7日　撮影：林 嶢

八郎潟駅は1902（明治35）年に五城目駅として開業。1926（大正15）年に当時の所在地名をとって一日市駅と改称した。さらに一日市町が昭和の大合併により面大潟村と合併して八郎潟町となった後、1965（昭和40）年に現駅名へ改称した。
◎1967（昭和42）年5月4日　撮影：荻原二郎

八郎潟〜鯉川間で客車を牽引して軽快に走るC61 18号機。昭和30〜40年代の多くを青森機関区(現・青森車両センター)で過ごした。煙の円滑な流れを促す目的で、煙突の両脇に小型の除煙板を取り付けている。◎1971(昭和46)年8月7日　撮影：林 嶢

八郎潟駅に停車する列車はD51が牽引する客車列車。未だ架線が張られていない構内に蒸気機関車が良く似合う。地域の中心地にある当駅では、五城目駅までの3.8キロメートル区間を結ぶ秋田中央交通線が接続していた。同路線は1969(昭和44)年に廃止された。
◎1967(昭和42)年5月4日
撮影：荻原二郎

急行「きたぐに」。昭和20年代から運転された大阪〜青森間の急行507、508列車を祖とする伝統の長距離夜行列車だった。昭和40年代の編成は、グリーン車と寝台車を含む、12両の堂々たる姿。窓の配置が個性的な機関車次位の車両は郵便車のオユ10だ。
◎八郎潟〜鯉川　1971（昭和46）年8月7日　撮影：林嶢

1章 奥羽本線

急行から大阪〜青森間を結ぶ寝台特急の名称となった「日本海」。運転当初は20系客車が投入された。未だ非電化区間が多く、蒸気機関車が各地で見られた日本海縦貫路線で、本線用ディーゼル機関車のDD51が牽引に当たった。
◎八郎潟〜鯉川　1971（昭和46）年8月7日　撮影：林　嶢

鯉川駅に停車するキハ58等で組成された急行「あけぼの」。仙台〜青森間を東北本線、横黒線(現・北上線)、奥羽本線経由で結ぶ列車だった。1968(昭和43)年10月1日のダイヤ改正時に「きたかみ」と改称。「あけぼの」の列車名は1970年に新設された寝台特急に引き継がれた。◎1962(昭和37)年7月22日　撮影：荻原二郎

米代川の畔に建設された前山駅に停車する旅客列車。C61 2号機が先頭に立つ。前照灯にシールドビームの副灯が追加された姿は、東北地方の蒸気機関車で多く見られた仕様。煙室扉等に傷みが目立ち、矢立峠等の山越え区間で酷使されている様子を窺える。
◎1967(昭和42)年5月4日　撮影：荻原二郎

1章 奥羽本線

前山～二ツ井間で急行の名前にもなった米代川へ注ぐ藤琴川を渡る寝台特急「あけぼの」。合理化策の一環として多くの列車から取り外されていたヘッドマークは、1984（昭和59）年10月14日から「ゆうづる」「あけぼの」で掲出が復活した。
◎1986（昭和61）年10月　撮影：安田就視

旧型客車を連ねてED75がやって来た。折しも刈り入れが終わった水田には杭が立てられ、天日干しされた稲穂が蓑を羽織った人のような形に掛けられていた。あたかも大勢の人が列車を見送っているかのような眺めだ。
◎八郎潟〜鯉川　1972（昭和47）年10月12日　撮影：安田就視

昭和中期から鉄筋コンクリート造り平屋建ての建物が駅舎として使われてきた鷹ノ巣。米代川の北岸に建つ街の鉄道玄関口である。当駅より阿仁マタギの里として知られた阿仁合まで旧国鉄阿仁合線（現・秋田内陸縦貫鉄道線の一部区間）が分岐している。
◎1962（昭和37）年7月21日　撮影：荻原二郎

大館駅に停車するC61 2号機。現在は京都鉄道博物館で動態保存されている機関車だ。矢立峠等の勾配区間が続く青森〜大館間では、旅客列車の牽引に貨物用機関車のD51と同じボイラを持つC61が充当された。◎1967（昭和42）年5月4日　撮影：荻原二郎

大館機関区配置のC11は、秋田方に4駅先の鷹ノ巣から分岐する、阿仁合線（現・秋田内陸縦貫鉄道秋田内陸線）の貨物運用を受け持っていた。241号機は1943（昭和18）年製で大館機関区新製配置されて以来、生涯のほとんどを同区で過ごした。◎撮影：荻原二郎

矢立峠の蒸気機関車3台運転
～NHKも流行の記録に乗り出した～

　1968（昭和43）年10月1日に旧国鉄が行った白紙ダイヤ改正時に東北本線が全線電化され、蒸気機関車が三重連で列車を牽引していた奥中山越えから煙は消えた。その一方で奥羽本線北部は未だ非電化区間が残り、矢立峠が控える陣馬～碇ヶ関間等では蒸気機関車の3台運転が引き続き行われていた。

　時はあたかも消えゆく蒸気機関車が従来からの愛好家のみならず、大衆の注目をも集め始めた「SLブーム」の創成期。急客機のC61、D51の1号機が姿を見せる山間区間の人気は俄然高まった。補機は列車の最後尾に連結され、貨物列車では2台の機関車が補機運用に就いた。峠越えの前線基地だった陣馬、碇ヶ関には転車台がなかったので、下り列車には機関車が逆向きで連結されていた。

　1970（昭和45）年8月にはNHKの番組収録で碇ヶ関～大館間に前3台運転、三重連の貨物列車が走った。その様子は同年にドキュメンタリー番組「新日本紀行」で放映された。蒸気機関車の力強い姿とともにベテラン機関士、沿線農家、機関車を取り巻く愛好家等の表情が映し出されている。

奥羽本線の時刻表（1）

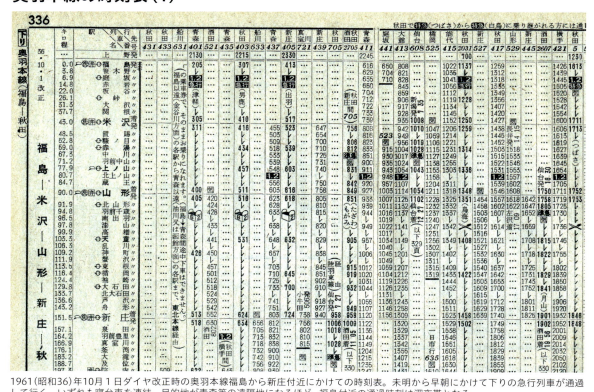

1961（昭和36）年10月1日ダイヤ改正時の奥羽本線福島から新庄付近にかけての時刻表。未明から早朝にかけて下りの急行列車が通過して行く。いずれも寝台車を連結。目的地が青森等の遠隔地になるほど、福島付近の通過時刻は深夜帯となる。

1章 奥羽本線

奥羽本線、花輪線に加え、貨物輸送が盛んだった小坂精練小坂線、同和鉱業花岡線が乗り入れ、多彩な車両が行き交った大館駅。2018（平成30）年に直営駅の任を解かれた。鉄筋コンクリート造2階建ての駅舎は1955（昭和30）年に竣工した。
◎1967（昭和42）年5月4日　撮影：荻原二郎

奥羽本線の時刻表（2）

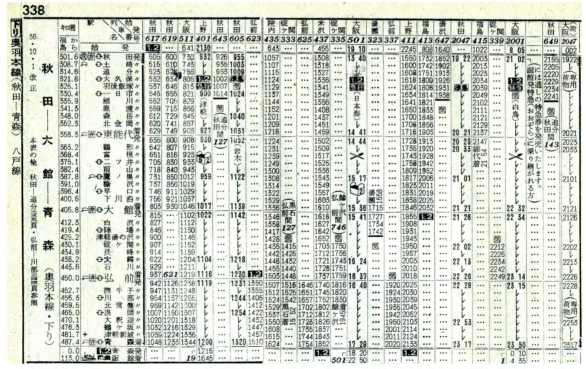

1961（昭和36）年10月11日ダイヤ改正時における奥羽本線の北端部秋田〜青森間の時刻表。大阪と青森を結ぶ特急「日本海」と「白鳥」が長距離列車の双璧だ。この区間では、寝台特急「日本海」と昼行特急「白鳥」の運転時間帯が昼夜で逆転していた。

下り寝台特急「日本海」。上下線が大きく離れた白沢〜陣馬間を行く。大阪〜青森間を結ぶ長距離寝台列車は長らく2往復の運転体制が続いた。青函トンネルの開通時には1往復が、特急「北斗星」に先駆けて函館まで延長運転していた。◎1992（平成4）年8月5日　撮影：安田就視

1章 奥羽本線

青森～秋田間を結んでいた急行「むつ」。一部の列車は途中大館で盛岡～秋田間を結ぶ急行「よねしろ」を併結、解放していた。「よねしろ」は非電化区間の花輪線を経由する気動車列車だった。そのため奥羽本線が電化された後も「むつ」は気動車で運転していた。
◎白沢～陣馬　1984（昭和59）年11月1日　撮影:安田就視

1章 奥羽本線

奥羽本線陣馬〜白沢間を行く485系の特急「いなほ」。上野発着であった時代には上野〜青森間は1往復の運転だった。上越新幹線開業時に新潟が始発終点となり、秋田との間に3往復、青森との間に2往復が設定されてエル特急化した。
◎1984(昭和59)年11月1日　撮影：安田就視

碇ヶ関で交換する蒸気機関車牽引の列車。矢立峠等、いくつものトンネルを潜る山越え区間が続く大館〜弘前間で、補機は列車の最後尾に連結された。重量級の貨物列車では補機が2両付き、本務機と合わせて変則の3台運転となった。◎1970(昭和45)年

津軽地方の中心地として栄えた弘前市。鉄道の玄関口として1984(明治27)年に開業した弘前駅には、昭和初期から50年代にかけて荘厳な造りの二代目駅舎が建っていた。1981(昭和56)年に商業施設を含む駅ビルへ建て替えられた。
◎1964(昭和39)年3月1日
撮影：荻原二郎

大鰐(現・大鰐温泉)駅へ入る急行「むつ」。キハ58等で組まれた普通車のみの編成だ。側には弘南鉄道大鰐線の電気機関車、ラッセル車の姿が見える。弘南鉄道の貨物列車は1970(昭和45)年に廃止された。しかし、工事列車、除雪車等の牽引用として電気機関車が現在も在籍する。◎1982(昭和57)年5月1日　撮影:安田就視

お盆を過ぎて津軽平野には実りの季節が訪れようとしていた。岩木山を遠望する撫牛子〜川部間をジョイント音も高らかに旧型客車の普通列車が駆ける。青森〜秋田間は前年に電化され、牽引機は交流形電気機関車のED75となった。◎1972（昭和47）年8月17日　撮影：安田就視

1章 奥羽本線

寝台特急「あけぼの」。新幹線の建設に伴い、陸羽東線、上越線、羽越本線と経路を変えた。しかし、秋田以北で終点の青森へ向かう最終区間は終始奥羽本線だった。春爛漫の津軽平野をブルートレインが行く。背景は岩木山。
◎撫牛子～川部　1993(平成5)年4月30日　撮影：安田就視

リンゴ園が沿線に続く川部〜撫牛子間を行く寝台特急「日本海」。登場時には走るホテルと称された20系客車で運転していた時代の牽引機はED75の700番台機。羽越本線から奥羽本線へ続く日本海縦貫路線を夜通しかけて走り抜けた。
◎1972(昭和47)年8月16日　撮影：安田就視

1章 奥羽本線

二代目大釈迦トンネルを擁する大釈迦～鶴ヶ坂間の旧線区間を行く準急「しもきた」。盛岡、八戸線の鮫と温泉地大鰐を結んでいた。先頭車は小振りなヘッドマークを掲出する。◎1963(昭和38)年5月4日　撮影：小川峯生

津軽平野から青森へ向かう大釈迦～鶴ヶ坂間区間は奥羽本線の終点手前で、最後の山越え区間となる。峠付近は長大な大釈迦トンネルで抜ける。トンネルは同区間が開通してから路線変更の度に3本掘削された。◎1984(昭和59)年11月1日　撮影：安田就視

奥羽本線、東北本線の終点青森駅。駅舎の屋上には立て看板等がなく、すっきりとした姿を留めていた時代だ。新町通りの突き当りにある駅前広場はゆったりとした雰囲気。バス窓を持つやや古風な風貌の青森市営バスは降雪期故、後輪にチェーンを巻いていた。
◎1960年代　撮影：山田虎雄

1章 奥羽本線

青森駅 1980年（昭和55年）

青森市街地を南西側の上空より望む。画面手前を横切る線路は奥羽本線。青森へ向かって走る電気機関車牽引の旅客列車が見える。沿岸部には青森駅の構内がある。桟橋には2隻の青函連絡船。線路が岸辺まで延びる船着き場に停泊する船は後方の扉が開かれ、貨物の出し入れが行われている模様だ。◎1980（昭和55）年9月18日　撮影：朝日新聞社

1章 奥羽本線

青森駅を見下ろす斜張橋は青森ベイブリッジ。橋脚やケーブル部分等は青森の頭文字Aを表す形状になっている。1985（昭和60）年から建設が始められ、完成したのは青函連絡船廃止後の1994（平成6）年だった。写真は建設途中の姿だ。◎1992（平成4）年10月31日　撮影：安田就視

上屋に被われたホームまで雪で真っ白くなった青森駅。6番乗り場に到着した急行列車から続々と人が降りて来た。厳しい寒さの中、頬被りをした人が目立つ。次の函館行き連絡船は9時50分発。皆、暖を求めて待合室へと凍てついたホームを歩いた。◎1974（昭和49）年2月10日　撮影：安田就視

間もなく日付が変わる23時51分。下り特急「白鳥」が終点青森に到着した。ホームの先にある桟橋では、青函連絡船の深夜便が乗客を迎え入れているのだろう。一方、隣のホームには東北本線の寝台特急が停車する。◎1984（昭和59）年10月28日　撮影：安田就視

東北本線、奥羽本線の列車を迎え入れるホームが並ぶ青森駅。青函連絡船の乗船口と反対側の構内西側には入り江があり、中小の船舶が停泊する。線路はホームの先で、さらに海へ向かって延びている。◎1993（平成5）年8月4日　撮影：安田就視

1章 奥羽本線

奥羽本線の年表

明治18(1885)年10月8日	山形県内の有力者らが政府に請願した福島～米沢～酒田間の山形鉄道の計画を上申する。
明治23(1890)年3月	山形鉄道(米沢～酒田間を計画)、秋田鉄道(新庄～秋田～青森間を計画)の両社が発起する。
明治24(1891)年9月1日	日本鉄道の上野～青森間が全通する。
明治25(1892)年6月21日	鉄道敷設法が公布される。福島～米沢～山形～秋田～弘前～青森間と、本線から分岐する酒田への路線などが「奥羽線」として予定線となる。
明治26(1893)年2月13日	奥羽線の暫定予定ルートが決定。板谷峠を含む福島～米沢間の最急勾配66.7‰とし、アプト式の採用が予定される。
明治26(1893)年7月13日	福島～米沢間をの勾配を30‰台に抑えたルートに変更し、アプト式の採用を取りやめる。
明治26(1893)年7月	奥羽線が青森～碇ケ関間から着工される。
明治27(1894)年12月1日	奥羽北線として青森～弘前間が開業し、新城(現・津軽新城)、大釈迦、浪岡、川部の各駅が開業する。
明治32(1899)年5月15日	奥羽南線として福島～米沢間が開業し、庭坂、板谷、峠、関根の各駅が開業する。
明治38(1905)年9月14日	横手～湯沢間が延伸開業し、奥羽線として福島～青森間が全通する。十文字駅が開業。
明治40(1907)年5月19日	奥羽線経由の上野～青森間直通列車が運転を開始する。
明治42(1909)年10月12日	線路名称が制定され、福島～青森間と貨物支線が奥羽本線となる。
大正11(1922)年3月15日	奥羽本線経由の上野～青森間で急行が運転を開始する。
大正13(1924)年7月31日	羽越線(現・羽越本線)が全通し、大阪から金沢、新潟、秋田を経て青森に至る「日本海縦貫線」が完成。同線経由の神戸(後に大阪)～青森間急行や、新潟～青森間直通列車などが運転を開始する。
昭和21(1946)年11月10日	上野～福島～秋田間で準急が運転を開始。翌年6月には急行に格上げされる。
昭和24(1949)年4月24日	福島～米沢間が直流電化され、この区間はEF15形電気機関車による牽引となる。
昭和25(1950)年12月20日	上野～福島～秋田間の急行に「鳥海」の名が付けられる。
昭和31(1956)年11月19日	「鳥海」の運転区間が秋田から青森まで拡大され、「津軽」に改称。従来の「津軽」は上越線経由・上野～秋田間の定期急行「羽黒」となる。
昭和35(1960)年3月1日	東北本線の黒磯～福島間の交流電化に伴って、福島駅から庭坂寄り約800メートルの地点に交直切換所(中川扱所)が設置される。
昭和35(1960)年6月1日	上野～山形間で急行「蔵王」、上野～福島～新庄間で不定期準急「出羽」が運転を開始する。
昭和36(1961)年10月1日	上野～福島～秋田間の特急「つばさ」と急行「男鹿」、大阪～金沢～青森・上野間の特急「白鳥」が運転を開始。奥羽本線初の特急が登場する。
昭和38(1963)年8月8日	大釈迦峠を越える大釈迦～鶴ケ坂のルートが変更される。
昭和39(1964)年10月1日	上野～山形間で特急「やまばと」が運転を開始する。
昭和43(1968)年9月8日	山形～羽前千歳間の電化方式が交流に変更される。
昭和43(1968)年9月22日	福島～米沢間の電化方式が交流に変更される。
昭和43(1968)年9月23日	米沢～山形間が交流電化される。
昭和43(1968)年10月1日	「やまばと」が485系で電車化。大阪～秋田～青森間で寝台特急「日本海」が運転開始。従来の「日本海」が「きたぐに」に改称。「むつ」の運転区間が秋田～青森間に変更される。
昭和45(1970)年7月1日	上野～福島～秋田間の臨時寝台特急「あけぼの」が運転を開始。10月に定期化され、運転区間が青森まで拡大される。
昭和46(1971)年8月25日	秋田～青森間が交流電化される。
昭和47(1972)年10月2日	「白鳥」が485系で電車化。上野～秋田間(上越線経由)の特急「いなほ」の運転区間が青森まで拡大。
昭和50(1975)年11月25日	特急「つばさ」が485系で電車化される。
昭和57(1982)年11月15日	上越新幹線の開業と東北新幹線の増発に伴い、特急「つばさ」の大半が福島発着に変更。急行「たざわ」が盛岡～秋田間の電車特急に格上げ。上野～秋田間(上越線経由)急行「鳥海」が寝台特急「出羽」に格上げ。急行「千秋」「こまくさ」などが廃止される。
昭和60(1985)年3月14日	特急「やまばと」、急行「ざおう」が「つばさ」に統合。上野発着の「つばさ」は1往復に削減。急行「むつ」が特急に格上げ。特急「たざわ」の運転区間が盛岡～秋田～青森間に拡大される。
平成2(1990)年3月10日	福島～山形間の新幹線直通化工事の一環として、庭坂～板谷間下り線の使用が停止され、赤岩駅のスイッチバックが廃止。9月1日には板谷、峠、大沢の各駅でもスイッチバックが廃止される。
平成4(1992)年7月1日	福島～山形間の標準軌複線化が完成し、「山形新幹線」が運転開始。山形～新庄・秋田間で在来線特急「こまくさ」が運転開始。在来線の福島～山形間に「山形線」の愛称が付けられる。
平成5(1993)年12月1日	山形～青森間の客車列車(50系、弘前～青森間は12系も使用)運用が終了し、701系電車が投入される。
平成9(1997)年3月22日	「秋田新幹線」が運転開始。在来線特急「たざわ」が「かもしか」に改称。寝台特急「あけぼの」「鳥海」が廃止され、上越線・羽越本線経由の「あけぼの」が新設される。
平成11(1999)年12月4日	「山形新幹線」山形～新庄間の延伸開業。在来線特急「こまくさ」の運転区間が新庄～秋田間に縮小されて快速に格下げ。普通列車で701系5500番台が運転を開始する。
平成22(2010)年12月4日	青い森鉄道(八戸～青森間)の開業に伴い、奥羽本線と同線の直通運転が新青森～青森間で開始。
平成28(2016)年11月30日	赤岩駅が通年通過駅となり営業を終了する(平成24年12月から冬期は通過)。

2章
羽越本線
～日本海沿岸の町を結ぶ東北第3の幹線～

新潟県下における鉄道で栄えた街の一つである新津を起点として秋田へ続く羽越本線。関東、関西地区と東北の主要都市を結ぶ長距離優等列車の経路として、時代毎の名車両が運転されてきた。笹川流れを始めとした海辺の景勝地。荘厳な姿の鳥海山等、車窓を彩る景色は華やかな車両に伍して魅力的だ。全線が電化され、新幹線の台頭で優等列車が数を減らした今日でも行く手は変化に富み、遠来の旅人を惹きつける。

上沼垂色の485系が特急「白鳥」として春の庄内平野を駆ける。青森運転所（現・青森車両センター）から向日町運転所へ引き継がれてきた「白鳥」の運用は、1986（昭和61）年11月1日のダイヤ改正に合わせて上沼垂運転区（現・新潟車両センター）へ移管された。
◎1993（平成5）年5月4日　撮影:安田就視

村上までは直流電化

　信越本線、羽越本線、磐越西線と旧国鉄3路線が交わる鉄道の街新津（現・新潟県秋葉区）。羽越本線の旅は短編成の電車で仕立てられた普通列車で始まる。新津口の列車は普通ばかりだ。特急「いなほ」等の優等列車は新潟駅を始発終点として、新発田との間で1956（昭和31）年に全通開業した白新線を経由する。

　新発田までの区間は単線だ。左手に扇形庫を備えた機関区を見て国道460号を潜り、右に大きく曲がった列車は能代川、阿賀野川を渡ってゆったりとした区画の水田が続く農村部へ躍り出る。月岡駅へ差し掛かる手前で新発田市内へ入る。中浦付近で真木山中央公園の麓を通り、左手から白新線が近づいて新発田に到着する。

　新発田からは複線区間となる。東側には幾重もの山並み。西側に田園風景を望みながら地域の田畑を潤す加治川を渡る。金塚～中条間は単線。中条駅の周辺には、付近の工場へ延びる専用線が2か所あった。

　鉄道橋梁付近が中州になっている胎内川を渡ると米坂線が分岐する坂町駅。豪雪地帯を近隣に控え、当駅には除雪を担当する保線区が置かれている。上流域に赤芝峡等の美しい渓谷がある荒川を渡り、国道7号と並行して水田の中を進む。中条からは複線区間が続いていたが平林より再び単線になる。小さな丘陵を越えると、塩引き鮭を特産品とする海辺の町村上に到着する。

　新津から当駅までは直流で電化されている。新潟～新発田間を結ぶ白新線も同様だ。信越本線等、新潟県下の日本海縦貫路線は、多くが直流電化区間となっている。当地区には交直流両用の普通型電車が配置されていない。そのため電化方式によって電車の棲み分けがはっきりとしている。但し、今日では村上～酒田間の普通列車は全て気動車で運転している。交直流両用車の威力が発揮されるのは、特急や電気機関車が牽引する貨物列車である。

笹川流れの景勝が
トンネルの間に見え隠れ

　村上以北は交流電化区間だ。村上市街地の北部を流れる三面川を渡り日本海沿岸に出る。村上～間島間は1967（昭和42）年に複線化された。後から増線された上り線は山側をトンネルで短絡する。個性的なかたちをした岩場が続く海岸通りには、海水浴場やひなびた漁村が点在する。

　景勝地笹川流れの岩礁地帯を望む越後早川～桑川間では、歳月を経た釣り鐘のような風貌をした鳥越山（標高40メートル）が海岸にそびえる。但し、下り線は長大なトンネルになっており、車窓から絶景を拝むことはできない。狭い平地部分に鉄道を敷設したこの界隈では、建設当初は単線であった所を複線化した箇所と単線で残る区間が点在する。

　村上～あつみ温泉間では村上～間島、越後早川～桑川間、越後寒川～勝木間、府屋～小岩川間が複線区間だ。勝木～府屋間の単線区間では、日本海を背景に行き交う列車を国道7線から眺めることができる。海上には30キロメートルほど離れた粟島。条件が良ければその先に佐渡の島影が半島のように連なる。あつみ温泉は付近を流れる温海川に沿って旅館が建つ温泉地の玄関口。近隣の海岸には海水浴場がある。沿岸部を大小のトンネルで抜け、三瀬付近で内陸部へ入る。三瀬、矢引地区の山中を新矢引トンネル（1,475メートル）で潜り、江戸時代より鶴岡藩の城下町として栄えた鶴岡市がある庄内平野へと進む。

　鶴岡駅の前後は単線区間である。列車交換の便を図るため羽前大山方に西鶴岡信号場。藤島方には幕ノ内信号場がある。北に鳥海山。東に月山と名峰を仰ぎ見つつ、陸羽西線の終点余目に着く。北余目～砂越間で最上川を渡り、酒田の市街地へ進んで国道7号を潜ると、海運業で栄えた港町の鉄道玄関口酒田駅に到着する。

酒田は列車旅の連絡待合所

　酒田は秋田、新津方面へ向かう普通列車の多くが始発終点とする、羽越本線内の連絡駅という性格を持つ。客車が普通列車の主流であった時代には、全区間を通して運転する上り列車が1本あった。秋田を午後1時過ぎに発車した838列車は、7時間以上を費やして271.7キロメートルの道のりを走っていた。現在、普通列車で羽越本線を走破するのであれば新津～酒田間、酒田～秋田間の列車を乗り継ぐのが一般的だろう。しかし、本線を名乗る路線といえども、酒田で頃合いの良い時間で乗り継げる列車は思いのほか少ない。

　酒田の市街地を抜けて低い築堤上を軽快に走る区間では、鳥海山を目指すかのように北東方向へ突き進む。日向川を渡り南鳥海の手前で行く手が北へ向

くと、山はみるみる立ち位置を変えて車窓の東側を飾るようになる。庄内平野の北端部に当たる遊佐を過ぎ、一駅間のみ複線になって、磯場に景勝地十六羅漢岩がある海辺の町吹浦へ出る。ここから鉄路は海岸線沿いに北へ続く。

女鹿〜小砂川間の三崎公園付近が山形と秋田の県境。車窓越しに日本海を望むと、山形県唯一の有人島である飛島が沖合に浮かぶ。また、近くを通る国道まで出ると、この界隈からも鳥海山を望むことができる。しかし、線路は海岸近くで丘の下方を通っているので、列車に乗りながら海景色と山景色の両方を楽しむことはできない。ただ、春には海沿いの斜面に群生するスイセンが花を咲かせ、海景色に彩りを添える。

難読駅の一つである象潟(ルビ・きさかた)を過ぎて金浦〜仁賀保間は、また1駅間の複線区間だ。これら三駅が属する現在のにかほ市一帯は、電気機器製造会社のTDK株式会社が生産拠点を置く地域である。沿線にも工場施設が2か所ある。特急「いなほ」は全列車が象潟と仁賀保に停車する。

国道7号が羽越本線を跨いだ先の出戸信号場付近で道路越しに海を眺め、西目からは長めの複線区間が始まる。列車は内陸部へ入る。矢島線(現・由利高原鉄道鳥海山ろく線)と同路線の薬師堂駅付近から並行し、地域の街道3本が交わる交通の要所として栄えた本庄市(現・由利本荘市)の鉄道駅である羽後本荘に着く。

終点秋田で奥羽本線と合流

羽後本荘駅を起点とする矢島線は、子吉川の岸辺にある小ぢんまりとした城下町、矢島へ至る23キロメートルの路線だ。国鉄末期に第一次廃止対象特定地方交通線に指定され、1985(昭和60)年10月1日をもって全線が廃止された。同時に路線運営は第三セクター鉄道由利高原鉄道へ転換され、鳥海山ろく線として再出発を図った。

羽後本荘から羽後亀田までは複線区間。子吉川を渡り本庄の市街地を外れると、線路の周辺はにわかに中山間地域の風情となる。羽後岩谷の先に控える折渡峠は折渡トンネル(1,438メートル)で苦も無く越え、岩城下黒川地区の狭い谷間を海岸部へ向かって北西方向へ進む。

羽後亀田〜道川間は単線。国道7号を潜ると、列車は砂浜が続く海岸に沿って走る。岩城みなとの手前で国道が線路を跨ぎ、海側を通るようになる。線路周辺の灌木が伐採された折には、国道から延々と続く海岸を背に走る列車が良く見えた。道川〜下浜間は羽越本線最後の複線区間。同駅間の下浜寄りが由利本荘市と秋田市の境界となる。

秋田市内の南端部に当たる下浜駅の至近には、美しい砂浜の下浜海水浴場がある。夏の日本海沿岸は波穏やかにして静寂が漂う環境。人の手が加わっていない自然が、そのまま景勝地となる所が沿線に点在する。線路は下浜以北が単線となって終点秋田まで続く。桂根付近まで国道7号と並行して海辺を通り、境川を渡って山側の丘陵地へ入る。

短いトンネルを潜って平野部へ出ると、左手に大森山公園の森が見えて新屋駅に停車。河口付近で川幅が広くなった雄物川を渡る。国道13号の近くにある羽後牛島が最後の途中駅。太平川を渡り、右手から奥羽本線が近づく。東北地方を縦断する2本の幹線が並んで秋田駅の構内へ入って行く。

羽越本線の駅（1978年当時） ※所在地は現在のもの

- 新津（にいつ）　　　　　　0.0km　　　新潟県新潟市秋葉区新津本町１－１－１
- 京ケ瀬（きょうがせ）　　　6.1km　　　新潟県阿賀野市小河原453
- 水原（すいばら）　　　　　10.2km　　新潟県阿賀野市下条町１－１
- 神山（かみやま）　　　　　13.9km　　新潟県阿賀野市船居1138
- 月岡（つきおか）　　　　　17.8km　　新潟県新発田市本田1552
- 中浦（なかうら）　　　　　21.5km　　新潟県新発田市下飯塚151
- 新発田（しばた）　　　　　26.0km　　新潟県新発田市諏訪町１－１－５
- 加治（かじ）　　　　　　　30.3km　　新潟県新発田市下中265
- 金塚（かなづか）　　　　　35.3km　　新潟県新発田市下小中山366
- 中条（なかじょう）　　　　39.1km　　新潟県胎内市表町７－22
- 平木田（ひらきだ）　　　　44.7km　　新潟県胎内市平木田1605
- 坂町（さかまち）　　　　　48.0km　　新潟県村上市坂町
- 平林（ひらばやし）　　　　51.6km　　新潟県村上市宿田
- 岩船町（いわふねまち）　　55.2km　　新潟県村上市小口川
- 村上（むらかみ）　　　　　59.4km　　新潟県村上市田端町11－11
- 間島（まじま）　　　　　　66.5km　　新潟県村上市間島
- 越後早川（えちごはやかわ）71.4km　　新潟県村上市早川字上鏡
- 桑川（くわがわ）　　　　　78.3km　　新潟県村上市桑川892－5
- 今川（いまがわ）　　　　　82.6km　　新潟県村上市今川
- 越後寒川（えちごかんがわ）87.5km　　新潟県村上市寒川
- 勝木（がつぎ）　　　　　　92.8km　　新潟県村上市勝木
- 府屋（ふや）　　　　　　　95.9km　　新潟県村上市府屋
- 鼠ケ関（ねずがせき）　　　101.0km　 山形県鶴岡市鼠ケ関乙156－2
- 小岩川（こいわがわ）　　　105.4km　 山形県鶴岡市小岩川
- あつみ温泉（あつみおんせん）109.8km　山形県鶴岡市温海戊446－2
- 五十川（いらがわ）　　　　115.7km　 山形県鶴岡市五十川
- 小波渡（こばと）　　　　　120.1km　 山形県鶴岡市小波渡
- 三瀬（さんぜ）　　　　　　123.2km　 山形県鶴岡市三瀬丁88
- 羽前水沢（うぜんみずさわ）128.9km　 山形県鶴岡市大広
- 羽前大山（うぜんおおやま）133.4km　 山形県鶴岡市大山１－１－１
- 鶴岡（つるおか）　　　　　139.4km　 山形県鶴岡市末広町１－１
- 藤島（ふじしま）　　　　　146.0km　 山形県鶴岡市上藤島字鎧田畑4
- 西袋（にしぶくろ）　　　　151.1km　 山形県東田川郡庄内町西袋字駅前
- 余目（あまるめ）　　　　　154.7km　 山形県東田川郡庄内町余目字沢田50
- 北余目（きたあまるめ）　　157.4km　 山形県東田川郡庄内町平岡字大坪
- 砂越（さごし）　　　　　　160.4km　 山形県酒田市砂越字蛇尾15－4
- 東酒田（ひがしさかた）　　163.7km　 山形県酒田市大町字出雲5
- 酒田（さかた）　　　　　　166.9km　 山形県酒田市幸町１－１－１
- 本楯（もとたて）　　　　　173.3km　 山形県酒田市本楯字通伝8
- 南鳥海（みなみちょうかい）175.9km　 山形県酒田市米島字下中道2
- 遊佐（ゆざ）　　　　　　　179.1km　 山形県飽海郡遊佐町遊佐字南田筋42－2
- 吹浦（ふくら）　　　　　　186.1km　 山形県飽海郡遊佐町吹浦字上川原45
- 小砂川（こさがわ）　　　　194.8km　 秋田県にかほ市象潟町小砂川字小田９－9
- 上浜（かみはま）　　　　　198.5km　 秋田県にかほ市象潟町洗金字砂山4
- 象潟（きさかた）　　　　　203.4km　 秋田県にかほ市象潟町字家の後23
- 金浦（このうら）　　　　　209.2km　 秋田県にかほ市金浦字十二林94
- 仁賀保（にかほ）　　　　　214.7km　 秋田県にかほ市平沢字清水18－3
- 西目（にしめ）　　　　　　223.1km　 秋田県由利本荘市西目町沼田字弁天前８－5
- 羽後本荘（うごほんじょう）228.9km　 秋田県由利本荘市西梵天85－1

- 羽後岩谷（うごいわや）　　236.0km　　秋田県由利本荘市岩谷町字川端110−2
- 羽後亀田（うごかめだ）　　243.7km　　秋田県由利本荘市松ヶ崎字高野62
- 道川（みちかわ）　　　　　251.8km　　秋田県由利本荘市岩城内道川井戸ノ沢
- 下浜（しもはま）　　　　　258.4km　　秋田県秋田市下浜羽川字下野1
- 新屋（あらや）　　　　　　265.7km　　秋田県秋田市新屋扇町9−33
- 羽後牛島（うごうしじま）　269.0km　　秋田県秋田市牛島西1−4−17
- 秋田（あきた）　　　　　　271.7km　　秋田県秋田市中通7−1−2

羽越本線の時刻表

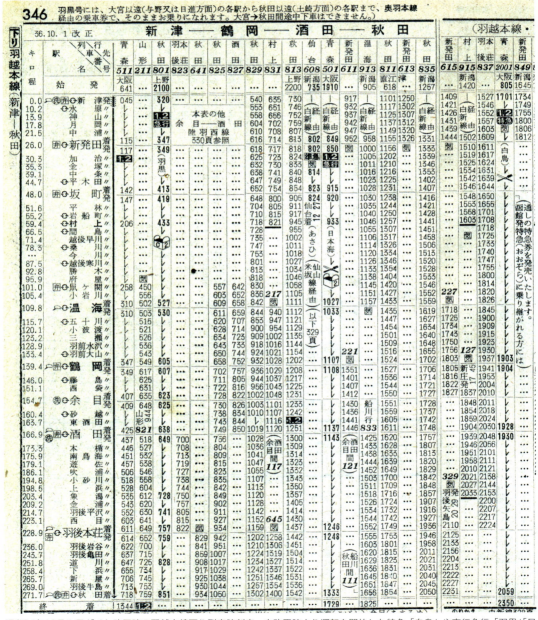

昭和36年10月1日ダイヤ改正時の羽越本線下り列車時刻表。本改正時より運転を開始した特急「白鳥」や夜行急行「羽黒」「日本海」等の優等列車が名を連ねる中、現在では一際目を惹く存在は大阪〜青森間を各駅停車で走破する511列車。31時間7分の所要時間は特急「白鳥」の倍近くであった。

橋上駅舎化前の旧新津駅舎。1928（昭和3）年に二代目として竣工した。出入り口付近の大きな屋根や、待合室の壁面に並ぶ縦長の窓は洋風に寄せた造りで、イギリスやドイツの文化を追いかけた鉄道黎明期の香りが残る。出入り口上の装飾にテラコッタが用いられている。
◎1977（昭和52）年9月16日　撮影：荻原二郎

大型の転車台と周りを取り囲むように建つ扇形庫は、蒸気機関車時代の大機関区を象徴する光景だった。転車台の動きに問題でもあるのだろうか。D51の傍らに職員が集まり、数人はピットの中に入って可動部を覗き込んでいた。

2章　羽越本線

ドレインをなびかせて軽快に構内を駆け抜けるC57 172号機。煙突には回転式火の粉止めを装着する。青森機関区から新津機関区へ転属した翌年の1964（昭和39）年6月には、第19回新潟国体行幸啓に伴い新発田〜新津間、長岡〜直江津間でお召列車を牽引した。

新潟駅を通る在来幹線は信越本線だが、当駅には白新線経由で羽越本線へ乗り入れる列車が多く発着し、日本海縦貫路線の拠点という印象は強い。長城のようなビルが建つ万代口は、新幹線の開業後も市の表玄関としての風格を湛える。
◎1982（昭和57）年7月21日　撮影：安田就視

信濃川が横切る新潟市の中心街付近を南側の上空より望む。画面手前に新潟駅の構内がある。1番乗り場と隣接する駅ビルは万代口駅舎。駅舎から最も離れた7番乗り場には荷物電車を先頭にした70系電車が停まる。5番乗り場に停まる気動車は、未だ非電化だった越後線へ向かう列車だろうか。駅に隣接して車両基地があった頃である。
◎1972(昭和47)年5月27日 撮影:朝日新聞社

新潟駅 1972年（昭和47年）

キハ45が2両連結されている以外は、形式の異なる気動車で編成された普通列車が阿賀野川橋梁を渡って行った。一般型に準急型、急行型までが顔を揃えた陣容は、差し詰め昭和30～40年代の気動車を集めた見本市の如き様相である。
◎1977 (昭和52) 年3月2日
撮影：安田就視

2章　羽越本線

1972年5月に新潟県村上植樹祭が開催され天皇陛下が出席された。羽越本線新津～村上間で特別列車（お召列車）にご乗車。当時新津機関区に所属していたC57 1号機が牽引した。悪天候の中、沿線では大勢の人が一世一代の晴れ姿に手を振った。
◎1972（昭和47）年5月22日
撮影：安田就視

水が張られた田に影を落として、D51牽引の貨物列車が月岡〜神山間を行く。8月の電化開業を控え、電化設備がすでに整えられていた。機関車から吐き出される白煙が架線を隠し、あたかも電化を拒んでいるかのようにも映る。◎1972（昭和47）年5月4日　撮影：安田就視

羽越本線月岡〜中浦間。稲のはざ掛けに用いる木が線路際に並んで立つついにしえの田園風景だ。長編成の客車を牽引するD51は、思いの外重たい列車に力行したのか、煙突から白煙を燻らして行った。◎1972（昭和47）年5月4日　撮影：安田就視

電化工事が完了した中浦〜月岡間を行く特急「いなほ」。個性的な先頭形状のキハ81が先頭だ。昭和30年代から特急列車網の拡充に貢献して来た気動車は、運転開始から僅か3年で「いなほ」の運用を電車へ明け渡した。◎1972(昭和47)年5月22日　撮影：林　嶢

積雪で道床、枕木が埋まった新潟駅に到着したキハ17等の普通列車。正面の貫通扉付近には巻き上げた雪が付着していた。線路に降りた職員が床下機器に着いた雪を落とし、次の運用に備えている。◎1961(昭和36)年2月3日　撮影：小川峯生

2章 羽越本線

昭和40年代後半の新発田駅舎。出入り口付近には旅行センターの看板が2か所掲げられ、集客増収に熱心であった駅現場の姿勢を窺い知ることができる。新潟〜上野間のエル特急「とき」が昼間1時間毎に運転され、便利に使えることを宣伝する看板が見える。
◎1973(昭和48)年11月15日　撮影：荻原二郎

新発田駅に到着した普通列車。ワンマン仕様のキハ110が運用に就く。羽越本線新津〜新発田間には、気動車が単行で充当される区間列車がある。雪で濡れたホームに電化された新潟の近郊区間とは思えない、地方路線のひなびた風情が漂う。
◎1999(平成11)年2月　撮影：安田就視

早苗が揺れる水田は水鏡の様相を呈していた。風は穏やかで目の前を足早に横切るD51が吐き出す煙は、後方へ軽やかに流れた。電化工事が終わり、蒸気機関車の姿が見られる最後の春となった羽越本線坂町〜平木田間。
◎1972(昭和47)年5月4日　撮影：安田就視

2 章　羽越本線

「いい日旅立ち」「遠くへ行きたい」と旧国鉄が打ち出したキャンペーン、テレビ番組になぞらえた広告看板が出入り口付近に掲げられた昭和末期の中条駅舎。地域の中心地である旧中条町(現・胎内市)にあり、特急「いなほ」が停車する。
◎1982(昭和57)年4月24日　撮影:安田就視

平林〜岩船町間を行く気動車で編成された普通列車。キハ47と急行形気動車の組み合わせだ。旧国鉄時代の塗装は、全国共通の首都圏気動車色と急行形気動車色。キハ58は寒冷地で使用されてきた車両らしく、未だ冷房装置を装備していない。
◎1986(昭和61)年9月
撮影:安田就視

2章 羽越本線

村上〜酒田間の普通列車は全て気動車で運転している。村上〜間島間に直流と交流の死電区間（デッドセクション）があるため、交直流両用電車しか同区間を行き来できないからである。旧国鉄時代から新潟地区に近郊型等の交直流両用電車は投入されていない。
◎1986（昭和61）年6月　撮影：安田就視

坂町は米坂線の分岐駅であり、冬季には除雪作業の拠点となる鉄路の要所だった。駅に隣接する機関区は、扇形庫と転車台を備える大規模なものだった。米坂線用の9600が転車台に乗って方向転換をしている。◎1969 (昭和44) 年

坂町〜平林間で荒川の河口付近を行くD51牽引の貨物列車。羽越本線の電化開業が翌年に予定されていたが、架線柱等の設備は未だ見当たらない。電化後も路線内の複線化が推進される中、同区間は1976 (昭和51) 年に複線化された。
◎1971 (昭和46) 年5月2日　撮影：安田就視

2章 羽越本線

坂町駅のC57 189号機。煙突からは黒煙が立ち上り発車間際の様子である。1946(昭和21)年製の戦後生まれで新潟、直江津、新津機関区に所属し、長らく日本海側の路線で活躍した。1970年に豊岡機関区へ転属し、晩年を山陰本線、播但線等で過ごした。
◎1969(昭和44)年

坂町駅構内に留置されたキ620。前面に扇風機のような回転式の羽根を備えるロータリー式除雪車だ。羽根を回転させる動力は蒸気でボイラ、炭水車を備えていた。蒸気機関車、ディーゼル機関車の後押しで走行した。
◎1969(昭和44)年

脱線転覆
～大破から蘇った1号機～

　動態保存蒸機として現在も稼働しているC57 1号機は、新津機関区に所属していた1961（昭和36）年2月9日に大きな脱線事故に遭遇した。急行「日本海」を牽引中に村上〜間島間で、沿線の山塊崩落により線路へ流入した土砂へ乗り上げたのだ。大破した同機は現場検証の必要性もあり、2か月以上にわたって事故現場に置かれた。しかし、長野工場（現・長野車両センター）へ搬入され、約5か月間におよぶ修繕工事の末に見事現場復帰を果たした。

　廃車となっても不思議ではなかった事故車両を直した理由は「旅客用機の完成形であるC57の1号機だったから」という神格化された説も思い浮かぶが、当時は未だ蒸気機関車が鉄道輸送の主力であり、運用に対して機関区所属車の両数に余裕がなかったことが、修理復元を決定した大きな要因であったといわれる。ボイラが載せ換えてから3年余りの新しい機関車であったこと。主台枠等の損傷が無かった、もしくは軽かったことも作業の敢行を後押しした。

　1972（昭和47）年には天皇陛下が乗車された特別列車（お召列車）の牽引に、千葉での鉄道100年記念列車牽引。そして梅小路蒸気機関車館（現・京都鉄道博物館）入館と行事が続き、今日に至るまで廃車除籍を経験していない希有の機関車である。

2章　羽越本線

間島〜村上間で三面川を渡る特急「白鳥」。青森〜大阪間を結ぶ昼行の長距離列車は、早朝に始発駅を出て日本海沿いに南下し、11時20分過ぎに村上駅に停車する。新潟県に入って、旅程は未だ半分を過ぎたところだ。◎1986（昭和61）年6月
撮影：安田就視

近隣に学校や病院が建つ市街地にある村上駅。ガラス壁面が多用された駅舎は、昭和期に地方の拠点駅でよく見られた仕様だ。間島駅の間に死電区間（デッドセクション）があり、羽越本線における直流電化区間の北端駅である。◎1982（昭和57）年4月28日
撮影：安田就視

海辺の急峻部に棚田がつくられている、越後早川〜間島間を行く20系客車の急行「天の川」。上野を22時38分に発車した秋田行きの列車は深夜に上越国境を越え、朝日を浴びながら日本海沿岸を北上した。
◎1982(昭和57)年4月28日　撮影：安田就視

2章 羽越本線

気動車列車で景勝地笹川流れにほど近い桑川駅に到着すると、ホーム向かい側に下り列車が滑り込んで来た。客車列車の先頭に立つC57 179号機は1965 (昭和40) 年当時酒田機関区の所属。運転席の前面窓に雨雪を取り除くための旋回窓を取り付けている。
◎1965 (昭和40) 年9月14日　撮影：荻原二郎

村上を出た下り列車は、日本海沿いへ足を進める。桑川から越後寒川にかけて、名勝笹川流れの側を通る。岩場が続く海岸から山側を望むと、線路と海の間を通る道路が隠れ、残雪の山とともに風光明媚な情景が広がった。◎1970 (昭和45) 年

桑川～今川間を行く気動車急行。新潟～秋田間を結ぶ「羽越」と新潟～仙台を結ぶ「あさひ」の併結列車だ。気動車による急行列車が全盛を極めていた時代には、東北地方を縦横に走る多層建て列車が運転されていた。
◎1982（昭和57）年4月28日　撮影：安田就視

冬枯れの田園地帯を行くD51 1133号機。酒田機関区配置の機関車は1944(昭和19)年の戦時型である。ボイラ等の本体周りは後年に改装工事を受けて、標準型と大差のない姿である。しかし、船底型の炭水車に戦時設計の名残がある。
◎坂町　1970(昭和45)年

長きに亘って新津機関区に所属したC57 1号機。1954(昭和29)年に千葉機関区から転属した折には、雪対策として運転台の屋根が後部へ延長された。また、当区伝統の仕様としてランボードに白線が入れられた。除煙板の下部には点検用の窓が開いている。
◎坂町　1969(昭和44)年

白煙をなびかせて客車列車の先頭に立つD51。本来は貨物列車牽引用の機関車だが、新津、坂町、酒田、秋田等、蒸気機関車が主力であった時代の羽越本線沿線の主な機関区には大量配置されており、旅客運用に充当される機会は多かった。
◎坂町付近　1970(昭和45)年

2章　羽越本線

豪快な煙と共に駅を発車するC57 189号機。新潟、直江津、新津機関区と日本海側の庫を渡り歩いた。1971（昭和46）年に山陰本線沿線の豊岡機関区へ転属した。廃車後は京都府与謝郡与謝野町（最初の保存場所は加悦町）の加悦SL広場で静態保存された。
◎1969（昭和44）年

2軸の冷蔵貨車を連ねた貨物列車を牽引してD51が田園地帯を横切って行った。沿線に魚介類の水揚げ港を多く持つ羽越本線では、屋根部分等に保冷剤を入れた冷蔵貨車が見られた。車内へ陽光等の熱が流入することを防ぐために、車体は白く塗られている。
◎越後寒川　1970（昭和45）年頃

勝木塩害試験所
～トンネルの間に一瞬砦が現れる～

　日本海沿岸をなぞるように進む区間が続く羽越本線では、潮風の影響で線路や電気施設等が劣化、腐食することが少なくない。そこで鉄道総合研究所では、越後寒川～勝木間の海岸近くに勝木塩害試験所を設置し、沿岸部の鉄道施設が厳しい環境下で受ける影響について検証、研究を進めている。鉄道総合研究所とは国鉄の技術研究機関であった鉄道技術研究所から、民営化に伴い業務を引き継いだ組織だ。全国に5か所の研究施設を持つ。

　勝木から国道345号を2.5キロメートル程越後寒川方へ進むと、トンネルの間に羽越本線の下り線が顔を出す。線路の山側に変電所等で見られるようなコンクリート柱と鋼材、碍子を組み合わせた櫓状の構造物がある。これが塩害の度合いを観測する対象だ。積雪期に当地を訪れると、日本海から吹き付ける北西風を正面から受ける施設が、荒行に耐える修行僧のごとき神聖なものと映る。また、列車に乗っていると線路際の施設は車窓に現れたと思う間もなく、あっという間に目の前を通り過ぎ、すぐにトンネルの闇が容赦なく視界を遮る。

2章 羽越本線

勝木付近で桁がコンクリート製の橋梁で勝木川を渡る。気動車の塗装は2種類。背中合わせで連結されているキハ47は旧国鉄型電車と共通の一次新潟色。先頭のキハ40は気動車に施工された新新潟色だ。いずれも分散形の冷房装置を屋上に載せている。
◎1991(平成3)年5月8日　撮影：安田就視

1969（昭和44）年10月1日のダイヤ改正より、上野〜秋田間を上越線、羽越本線経由で運転する特急「いなほ」が運転を始めた。初の気動車特急として注目を浴びた「はつかり」の運用から退いていたキハ81が充当された。◎1970（昭和45）年10月14日　撮影：小川峯生

「鳥海」は寝台特急から急行まで様々な列車の名称として使われてきた。1965（昭和40）年10月1日のダイヤ改正で、上野〜秋田間を結ぶ急行「鳥海」が誕生した。当初は車両の増備が間に合わず、2か月間は新潟〜秋田間で運行した。
◎1972（昭和47）年4月8日　撮影：林　嶢

五十川〜温海(現・あつみ温泉)間で日本海を背に力行するC57。後ろには荷物車、郵便車が連なる。荷物専用列車の他に優等列車を含め、長距離を走る列車には荷物車、郵便車が連結されることが多かった。荷物車には客室、郵便の仕分け棚等を併設した合造車もあった。
◎1968(昭和43)年9月22日　撮影:林 嶢

日本海沿岸の名湯あつみ温泉郷の最寄りは温海駅。一般的に難読駅名の範疇へ入るからか、駅舎壁面の表記はひらがなだ。駅前に停まる路線バスの行先幕に温泉マークが入り、僅かに観光地であることが伝わる。当駅は1977（昭和52）年に「あつみ温泉」と改称した。
◎1974（昭和49）年10月10日　撮影：荻原二郎

あつみ温泉に停車する気動車で編成された普通列車。羽越本線の列車は、車両を周辺の支線へ送り込む運用を兼ねたり、営業列車として乗り入れるものがあった。そうした電化非電化路線に跨る運用には気動車が好都合だった。
◎1982（昭和57）年4月28日　撮影：安田就視

2章 羽越本線

架線柱が建ち並ぶ府屋駅の構内。未だ架線は張られていないものの、電化工事は着々と進行していた。非電化路線の時代から使用される車両には、ディーゼル機関車や気動車が台頭していた。動力近代化の主力であるDD51も電化で当地を去ることとなった。
◎1972(昭和47)年4月8日　撮影：林 嶢

D51牽引の客車列車が府屋地区の北側を流れる中継川を渡る。4月とはいえ、海を渡って来る北風が寒く感じられる。駅を出て間もない機関車は白煙を長くたなびかせた。線路の後方を日本海の水平線がくっきりと横切る。◎1972(昭和47)年4月8日　撮影：林 嶢

五十川〜温海（現・あつみ温泉）間は電化前の1970（昭和45）年に経路を変更した上で複線化された。既存路線の山側に、複線用のトンネルが口を開ける。出入り口には土砂が積まれ、完成までにはしばらく時間を要しそうな眺めだ。◎1968（昭和43）年9月22日　撮影：林　嶢

2章 羽越本線

海岸に白波が打ち寄せる五十川〜小波渡間を行くC57牽引の旅客列車。機関車の次位には狭窓が連なるスハフ32が連結されている。潮風が吹き付け土壌の脆い当区間は、1977(昭和52)年に複線化と路線変更が行われた。◎1968(昭和43)年9月22日　撮影：林　嶢

昭和50年代まで使用された鶴岡の旧駅舎。切妻屋根の建物を組み合わせた大人しめの外観だ。しかし、2か所に分けられた出入り口やその上に設けられたテラスが、個性的な可愛さを醸し出している。テラスには寺社を模したとみられる飾り付けがある。◎1974（昭和49）年7月5日　撮影：荻原二郎

2章 羽越本線

吹雪に見舞われた日の鶴岡駅前。西方に日本海が広がる庄内平野では、北国といえども冬季に四六時中降雪が続くわけではない。しかし、一旦強い寒気に覆われると状況は一変。灰色の雲が立ち込め、周囲は短時間で一面の銀世界となる。◎1965(昭和40)年12月26日 撮影:荻原二郎

藤島～幕ノ内信号場間を行く蒸気機関車牽引の普通列車。先頭に立つD51 82号機は昭和20年代から長岡第一機関区（現・長岡車両センター）に所属し、末期を新津機関区（現・新津運輸区）で過ごした新潟地区に縁が深い機関車だ。
◎1972（昭和47）年5月6日　撮影：安田就視

2章 羽越本線

余目駅ホームに立つ木造の駅名票。漢字よりもひらがなとローマ字表記の方が大きく書かれている。次駅の表記はひらがなとローマ字のみだ。地方私鉄の小駅で見られるかのような設えだが、昭和40年代の東北地方では共通の表記だった。
◎1965(昭和40)年9月14日　撮影：荻原二郎

水田に水が入り始め、田植えの準備が始まろうとしている庄内平野。藤島〜幕ノ内信号場間にD51が牽引する貨物列車が差し掛かる。連結された貨車は二軸の有蓋車を中心に無蓋車、冷蔵車が混じる多彩な陣容。機関車の次位には車掌車が付く。
◎1972（昭和47）年5月6日　撮影：安田就視

体育の日に訪れた余目駅には、国旗が掲揚されていた。駅舎が地上よりも嵩上げされているのは、改札口とホームの段差をなくすためだろうか。一文字ずつ離して掲げられている駅名は、ホームの駅名票と異なり、漢字のみで表示されている。
◎1974（昭和49）年10月10日　撮影：荻原二郎

砂越〜北余目間の第二最上川橋梁をD51が貨物列車を牽引して渡る。煙突には回転式火の粉止めが装着されている。沿線火災の防止策として火の粉等が飛び散るのを抑える装置だ。330号機は酒田機関区に所属し、電化開業を控えて最後の活躍をしていた頃の姿。
◎1972(昭和47)年5月6日　撮影:安田就視

海運で栄えた酒田市。羽越本線の駅は臨海部と若干離れた市の中心部付近で開業した。しかし、鉄道駅は物流の拠点という性格も併せ持つ。現在も倉等が建ち並ぶ最上川の河口付近へ向かって貨物輸送のために専用線が数本延びている。◎1975(昭和50)年7月8日
撮影：荻原二郎

上越新幹線の新規開業時には始発駅が大宮となったため、上野～青森間を羽越本線経由で結ぶ昼行特急が1往復存続した。列車名は「鳥海」となった。新幹線の上野開業時に定期運行を廃止し、上野～秋田間の臨時列車になった。
◎1984(昭和59)年2月
撮影：安田就視

夜の酒田駅。最終列車の発着は意外と早く、羽越本線の下り列車は21時18分発の青森行き。上り列車は画面右隅の時刻表に記載されている、22時54分発の大阪行きである。双方共に夜を徹して長距離を走り通す普通列車だ。
◎1961(昭和36)年5月7日　撮影：荻原二郎

余目からは陸羽西線が分岐する。新庄とを結ぶ普通列車は全て羽越本線の酒田駅を始発終点としていた。昭和末期には急行形気動車のキハ28、58が急行形気動車色のままで、一般型気動車に混じって使用された。
◎1984(昭和59)年2月　撮影：安田就視

海運と稲作で発展を遂げた酒田市の人口は山形県で3位。羽越本線では秋田、鶴岡の両方向へ行き来する列車の多くが当駅を始発終点としている。その中には新潟を結ぶ特急「いなほ」4往復が含まれる。◎1982(昭和57)年4月28日　撮影：安田就視

2章　羽越本線

白波が打ち寄せる日本海沿いの路を行く特急「白鳥」。担当区だった上沼垂運転区（現・新潟車両センター）へ485系が配置されたのは旧国鉄末期の1986（昭和61）年。民営化後に白地に青、水色の帯を巻いた地域色に塗装された車両が登場した。
◎吹浦〜女鹿　1991（平成3）年11月4日　撮影：安田就視

吹浦駅に到着したEF81が牽引する旧型客車。旧国鉄時代には郵便、荷物車を加えた長編成が日常的だった。列車の中には、かつて急行列車で使われていたスハフ42等が組み込まれている。新津〜青森間を結ぶ長距離運用もあった。◎1982（昭和57）年4月28日　撮影：安田就視

難読駅の一つである象潟。駅舎の壁に貼られた切り抜き文字はひらがなで表示されている。駅の周辺には工場や油槽所があり、昭和50年代までは核施設へ専用線が延びていた。構内は鋼材や石油の輸送で活況を呈した。◎1982（昭和57）年4月28日　撮影：安田就視

2章 羽越本線

海辺にほど近い金浦〜象潟間の丘陵地を行く急行列車。先頭車を含む2両は準急型のキハ26と55だ。2両目の狭窓が並ぶ車両は、2等車キロ25を普通車に格下げしたキハ26 400番台車。昭和30年代から40年代にかけて、急行型のキハ58等とともに急行運用に充当されていた。◎1972(昭和47)年6月18日　撮影：安田就視

羽後本荘の2番乗り場で発車時刻を待つC57 18号機牽引の客車列車。機関車次位の客車は二重屋根のスハフ32だ。1両だけ組み込まれた昭和初期製の客車が、昭和40年代の日常的な汽車のいる風景を、より時代掛かったものに見せていた。
◎1965（昭和40）年9月14日　撮影：荻原二郎

2章 羽越本線

50系の普通列車が新屋〜羽後牛島間の雄物川橋梁を渡る。全長600メートルのうち、川面の上に架かる個性的な形状の桁は平行弦ポニーワーレントラスで、1957（昭和32）年に架け替えられた。橋梁自体は1920（大正9）年の竣工。◎1984（昭和59）年11月6日　撮影：安田就視

2章　羽越本線

大阪～青森間に2往復が設定されていた寝台特急「日本海」。3号は朝の混雑が納まり始めた頃に秋田市内へ入る。1975（昭和50）年3月から1985年3月までは機関車のヘッドマーク掲出を取りやめていた。しかし、同系車両で統一された長編成には依然として優等列車の風格が漂っていた。
◎新屋～羽後牛島1984（昭和59）年11月　撮影：安田就視

秋田市の郊外、羽後牛島〜新屋間を行く特急「いなほ」。旧国鉄時代末期の姿は9両編成である。食堂車は外されていたものの、先頭車が着けた特急マーク、JNRマークとともに優等列車の威厳を未だ保ち続けていた。◎1984（昭和59）年11月6日　撮影：安田就視

秋田駅に向かって朝の新屋〜羽後牛島間を行く寝台特急「出羽」。晩秋を迎えて陽光は低く、照らし出す車体に深く陰影をかたちづくる。白帯車で統一された編成の中で、最後尾の電源車だけが24系25形仕様の銀色の帯を巻いている。
◎1984（昭和59）年11月　撮影：安田就視

羽越本線の年表

年月日	事項
明治26（1893）年12月	山形県と新潟県を結ぶ羽越線敷設の建議案を、山形県議会が内務大臣の井上馨に提出する。
明治28（1895）年12月12日	直江津〜新津〜新発田間と新津〜沼垂（新潟）間の免許が北越鉄道に交付される。
明治27（1894）年4月	渋沢栄一らによって、北越線建設のために北越鉄道の設立が出願される。
明治32（1899）年12月14日	秋田県議会が「羽越線建設意見書」を西郷従道内務大臣に提出。現在の羽越本線と同じルートによる路線の建設運動が始まる。
明治39（1906）年3月22日	鉄道敷設法が改正され、「新潟県下新発田ヨリ村上、山形県下鶴岡酒田、秋田県下本荘ヲ経テ秋田ニ至ル鉄道」が予定線となる。
明治43（1910）年4月	新津〜新発田間の実地測量に着手する。
明治43（1910）年5月	酒田線として新庄〜余目〜酒田間の実地測量に着手。翌年、新庄側から着工する。
明治45（1912）年5月頃	当時の国内最長であった阿賀野川橋梁（1242.7メートル）が竣工する。
大正1（1912）年9月2日	信越線支線として新津〜新発田間が開業し、水原駅、天王新田（現・月岡）駅が開業する。
大正6（1917）年11月1日	酒田線が陸羽西線に改称される。
大正13（1924）年4月20日	羽越北線羽後亀田〜羽後岩谷間が延伸開業。これに伴って陸羽西線とその支線鼠ケ関〜余目〜羽後岩谷間、羽越北線を統合して羽越線に改称される。
大正13（1924）年7月31日	村上〜鼠ケ関間が延伸開業し、間島、越後早川、桑川、越後寒川、勝木、府屋の各駅が開業。村上線と延伸区間を羽越線に編入して羽越線新津〜秋田間が全通する。これにより米原から日本海側を経由して青森に至る「日本海縦貫線」が完成する。
大正14（1925）年11月20日	支線の赤谷線新発田〜赤谷間が開業し、羽越線から羽越本線に改称される。
昭和6（1931）年9月1日	上越線の全通に伴って上越線・羽越本線経由の上野〜秋田間急行や普通列車が運転を開始する。
昭和26（1951）年4月5日	天然ガスを燃料とする気動車が、新津〜新発田間で運転を開始する。
昭和31（1956）年4月15日	白新線の沼垂〜新発田間が全通する。
昭和36（1961）年10月1日	気動車特急「白鳥」が、大阪〜青森・上野間で運転を開始する。
昭和37（1962）年3月10日	新潟〜秋田間で気動車準急「羽越」が運転を開始する。
昭和38（1963）年4月20日	気動車急行「しらゆき」が、金沢〜秋田・青森間で運転を開始する。
昭和40（1965）年10月1日	特急「白鳥」の上野行き編成を分離して、新津〜新発田間を白新線経由に変更。準急「羽越」の運転区間を上野〜秋田に変更し、急行「鳥海」に格上げ・改称する。
昭和43（1968）年10月1日	寝台特急「日本海」が大阪〜青森間で運転を開始する。これまでの急行「日本海」は「きたぐに」に改称。急行「羽黒」を「鳥海」に統合。新潟〜秋田間で急行「羽越」が再び運転を開始する。
昭和44（1969）年10月1日	気動車特急「いなほ」が上越線経由の上野〜秋田間で運転を開始する。
昭和47（1972）年8月5日	羽越本線と白新線が電化され、「日本海縦貫線」米原〜青森間全線の電化が完成する。
昭和47（1972）年10月2日	羽越本線と白新線で本格的な電化営業が開始され、特急「白鳥」「いなほ」が電車化。蒸気機関車の定期運用が終了する。
昭和57（1982）年11月15日	上越新幹線の大宮〜新潟間の開業に伴い、羽越本線の昼行優等列車を新潟〜秋田・青森間の特急「いなほ」、上野〜青森間の特急「鳥海」、大阪・福井〜青森間の特急「白鳥」などに整理統合。従来の夜行急行「鳥海」を寝台特急に格上げし、「出羽」に改称される。
昭和60（1985）年3月14日	東北新幹線大宮〜上野間の延伸開業に伴い、特急「鳥海」と寝台急行「天の川」が廃止。特急「白鳥」2往復のうち福井〜青森間運転の列車が新潟で分割され、それぞれ「北越」と「いなほ」の増発分として編入される。
昭和63（1988）年3月13日	青函トンネル（海峡線）開業に伴って、寝台特急「日本海」2往復のうち1往復の運転区間が大阪〜函館間に変更される。
平成2（1990）年9月1日	寝台特急「鳥海」が、上越線・羽越本線経由の上野〜青森間で運転を開始する。
平成5（1993）年6月23日	701系交流電車の普通列車が、酒田〜秋田間で運転を開始する。
平成13（2001）年3月3日	大阪〜青森間の特急「白鳥」を廃止して運転系統を分割。新潟〜秋田間は特急「いなほ」に編入する。
平成17（2005）年12月25日	砂越〜北余目間で特急「いなほ」14号が強風により脱線し、酒田〜鶴岡間が一時不通になる。その後、「強風警報システム」が導入される。
平成24（2012）年3月17日	寝台特急「日本海」が臨時列車化される。
平成26（2014）年3月15日	寝台特急「あけぼの」が臨時列車化し、羽越本線を走る定期の寝台特急が消滅。酒田〜秋田間で「国鉄型」車両による定期旅客列車が消滅する。

牧野和人（まきのかずと）

1962（昭和37）年、三重県生まれ。写真家。京都工芸繊維大学卒。幼少期より鉄道の撮影に親しむ。平成13年より生業として写真撮影、執筆業に取り組み、撮影会講師等を務める。企業広告、カレンダー、時刻表、旅行誌、趣味誌等に作品を多数発表。臨場感溢れる絵づくりをもっとうに四季の移ろいを求めて全国各地へ出向いている。

【写真提供】
小川峯生、荻原二郎、林 嶢、安田就視、山田虎雄、PIXTA

【絵葉書提供・文】
生田 誠

奥羽本線、羽越本線
1960年代〜90年代の思い出アルバム

発行日 ……………… 2019年5月10日　第1刷　　※定価はカバーに表示してあります。

著者 ……………… 牧野和人
発行者 …………… 春日俊一
発行所 …………… 株式会社アルファベータブックス
　　　　　　　　〒102-0072　東京都千代田区飯田橋 2-14-5 定谷ビル
　　　　　　　　TEL. 03-3239-1850　FAX.03-3239-1851
　　　　　　　　http://ab-books.hondana.jp/

編集協力 ………… 株式会社フォト・パブリッシング
デザイン・DTP ……… 柏倉栄治
印刷・製本 ………… モリモト印刷株式会社

ISBN978-4-86598-849-9　C0026
なお、無断でのコピー・スキャン・デジタル化等の複製は著作権法上での例外を除き、著作権法違反となります。